国家自然科学基金资助项目

再制造供应链运作中的支付意愿与社会责任

舒彤　陈收　汪寿阳　肖雨晴　龙小凤　著

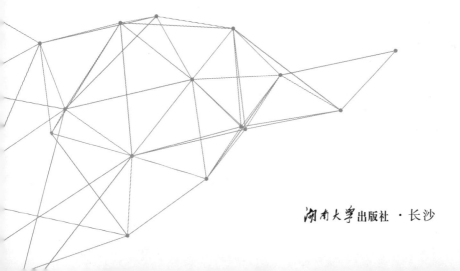

湖南大学出版社·长沙

内 容 简 介

　　本书以再制造供应链为研究对象,综合考虑回收品质量、消费者支付意愿差异、企业社会责任、碳约束等因素,在不同的问题背景下分析再制造供应链中制造商、回收商、零售商以及政府的最优决策。在阐述相关问题的研究背景及意义的前提下,研究了回收品质量差异下的再制造供应链定价决策,分析了消费者异质购买意愿下的再制造供应链策略,提出了企业社会责任下的再制造供应链生产决策与协调机制,并研究了消费者支付差异下企业社会责任的再制造供应链决策及碳排放约束企业社会责任异质下的再制造供应链决策问题。

图书在版编目 (CIP) 数据

　　再制造供应链运作中的支付意愿与社会责任/舒彤等著 . —长沙:湖南大学出版社,2021.11
　　ISBN 978-7-5667-2334-5

　　Ⅰ.①再…　Ⅱ.①舒…　Ⅲ.①制造工业—供应链管理—研究
Ⅳ.①F407.405

　　中国版本图书馆 CIP 数据核字(2021)第 226459 号

再制造供应链运作中的支付意愿与社会责任
ZAIZHIZAO GONGYINGLIAN YUNZUO ZHONG DE ZHIFU YIYUAN YU SHEHUI ZEREN

著　　者:舒　彤　陈　收　汪寿阳　肖雨晴　龙小凤
责任编辑:谌鹏飞
印　　装:长沙市宏发印刷有限公司
开　　本:710 mm×1000 mm　1/16　**印　张:**9　**字　数:**172 千字
版　　次:2021 年 11 月第 1 版　　**印　次:**2021 年 11 月第 1 次印刷
书　　号:ISBN 978-7-5667-2334-5
定　　价:38.00 元

出 版 人:李文邦
出版发行:湖南大学出版社
社　　址:湖南·长沙·岳麓山　　**邮　编:**410082
电　　话:0731-88822559(营销部),88821691(编辑室),88821006(出版部)
传　　真:0731-88822264(总编室)
网　　址:http://www.hnupress.com
电子邮箱:presschenpf@163.com

前　言

　　再制造供应链是从产品价值链的末端出发，以最大化产品生命周期和降低资源消耗为目标，兼顾经济、社会、环境等多方利益，符合循环经济理论。再制造供应链的研究与消费者支付意愿差异、企业社会责任是分不开的。在时代需要和政府的号召下，当前再制造供应链的推广和实施已经如火如荼，学术界对再制造供应链的研究也有了诸多的研究结论和成果。

　　本书以再制造供应链为研究对象，综合考虑回收品质量、消费者支付意愿差异、企业社会责任、碳约束等因素，在不同的问题背景下分析再制造供应链中制造商、回收商、零售商以及政府的最优决策。

　　第 1 章阐述消费者支付意愿差异和企业承担社会责任下再制造供应链生产决策问题的研究背景及意义等；第 2 章在消费者支付意愿差异的背景下，考虑回收产品存在回收质量差异的再制造供应链生产决策问题；第 3 章考虑消费者的异质性，研究一阶段、两阶段再制造供应链的最优回收和再制造生产决策；第 4 章将企业社会责任内生化和外生化，研究专利许可下再制造供应链决策问题，并通过收益共享契约协调供应链；第 5 章以消费者支付差异为基础，研究制造商和零售商组成的企业社会责任再制造供应链生产与决策问题；第 6 章研究碳排放约束与企业社会责任强度对回收再制造决策的影响，并引入社会福利最大化模型进行对比分析；第 7 章对全书进行系统性总结，并提出未来可行的研究方向。

　　在本书完成之际，这里要对为本书付出辛勤劳动的所有人员表示感谢。在本书的撰写过程中，湖南大学工商管理学院的陈收教授以及中国科学院数学与系统科学研究院、中国科学院大学经济与管理学院、湖南大学工商管理学院的汪寿阳教授对本书的理论框架、思路和内容进行了细致的审阅与指导，帮助笔者更好地完成本书主要内容的撰写工作。感谢湖南财政经济学院工商管理学院的龙小凤老师、湖南工程学院管理学院的肖雨晴老师以及团队学生葛佳丽、徐敏珍、代丽丽、刘纤、徐佳佳对本书第 2 章至第 6 章的重要贡献。最后，还要感谢团队学生曾华宝、曾福平、杨懿、谢文琪、杜修贤、程冲、周承检在书籍

1

撰写、修改、校对等过程中的辛勤劳动！在本书的撰写过程中，参考了大量国内外同研究领域专家学者的研究成果，在此向这些专家学者表示衷心的感谢！

本书的出版得到了国家自然科学基金（编号：71771080，71521061，71988101）的资助，在此表示感谢！

由于水平有限，书中难免存在不足之处，恳请各位读者批评指正。

舒 彤

2021 年 2 月

目　次

第1章 绪 论

1.1 本书的背景与意义

1.1.1 本书的背景

随着各行业的不断细化和融合,企业间单一的竞争活动开始向产业链间的竞争转变。由原材料供应商、产品生产商、中间产品和最终产品分销商、零售商以及最终产品消费者组成的网络结构,被学术界和企业界称为供应链。与主流观点一致,关于供应链所开展的研究可分为物流、信息流、资金流三大类。与物流相关的活动出现较早,从供应链采购并出售原材料开始,供应链的一系列流程就已经展开,然后生产、销售,此时生产者为了实现价值,将商品的使用价值让渡给了消费者,这样就形成了一个相对完善的供应链网络。

随着人民生活水平的不断提高,人们对各种大型耐用品的需求不断增加。这些耐用品当中,有些更新换代的速度奇快,有些则有较长的使用周期,但是最终每个耐用品都会到达报废阶段,而报废后产生的垃圾如果不及时进行处理,则会给环境带来巨大的压力。此外,有些报废产品当中的部分零部件是可以反复利用的。为了缓解有限的资源与无节制的资源消耗的矛盾,缓解环境压力,再制造应运而生。1999 年 6 月,徐滨士院士在西安召开的"先进制造技术"国际会议上首次提出了"再制造"的概念。再制造在学术上被定义为对废旧产品进行拆解,然后将其拆解后的零部件进行维修更新,再重新应用于新产品生产的过程。再制造能够运用高科技将报废产品的部分零部件进行专业化修复或升级改造,使得产品在报废阶段后重新回到生产销售阶段,从而使得产品所在的供应链成为再制造供应链。再制造是环保生产方式的代名词,因为它不仅可以减少废旧物的处理,而且与生产新产品相比可以减少自然资源的消耗。再制造产业不仅能有效应对资源有限、环境污染、"三期叠加"矛盾,更能顺应消费者"常换常新"的消费需求,最大化企业效益,实现环境保护与经济发展的双赢。再制造产品相

1

比于新产品,有生产成本低、人力投入少、价格优势明显、节约资源消耗等优势。因此,无论从政府角度还是企业角度、从环境利益还是经济利益来看,关注和发展再制造都是势在必行的。

放眼全球,进入 21 世纪,保护地球环境、发展构建循环经济和构建可持续性社会已经成为世界各国共同关心的话题。欧美、日本等发达地区,已通过政府立法、财政补贴或借助金融工具等方式推广和发展再制造行业。美国再制造产品的销售额在 2009－2011 短短两年时间内,增长了近 57 亿元。中国政府于 2010年启动一个试点项目,挑选出没有再制造经历的制造企业,由政府提供资金来帮助他们发展再制造技术并建立逆向物流网络。2013 年 8 月,国家发改委等部门联合印发《再制造"以旧换再"试点实施方案》,将再制造试点企业生产的部分量大而广、质量性能可靠、节能效果明显的再制造产品纳入财政补贴范围。2015年 5 月 5 日,中国政府推出了《关于加快推进生态文明建设的意见》,明确指出从根本上缓解经济发展和资源环境之间的矛盾,必须构建科技含量高、资源消耗低、环境污染少的产业结构。加快推动再制造生产方式的时代已经到来,这给企业生产运营和供应链管理提出了新挑战。2017 年 10 月 18 日,习近平同志在十九大报告中指出,坚持人与自然和谐共生,必须树立和践行"绿水青山就是金山银山"的理念,坚持节约资源和保护环境的基本国策,坚定走生产发展、生活富裕、生态良好的文明发展道路,建设美丽中国,为人民创造良好的生产、生活环境,为全球生态安全做出贡献。因此,在时代需要和政府的号召下,当前再制造供应链的推广和实施已经如火如荼,在学术界对再制造供应链的研究也有了诸多的研究结论和成果。

同时,随着消费者购买能力的增强,消费者对不同质量、不同品牌的产品都有了自己的认知,因此对其也会存在不同的主观评价。换句话说,消费者不再是只对价格敏感的消费者,而是会根据产品的品牌和质量等因素进行综合评价后购买的消费者。因此,在市场上,产品的价格、不同品牌的产品、新产品和再制造产品之间的差异都会导致消费者对产品的支付意愿不同。有国内学者也提出,消费者因消费习惯和认知水平差异的存在而对新产品和再制造产品的需求和偏好不同。由于消费者对新产品和再制造产品认知水平、接受程度等方面的不同,因此对两种产品的支付意愿是存在一定差异的。这种差异将给再制造供应链带来巨大的影响,尤其表现在消费者对再制造产品和新产品的选择上,进而影响再制造供应链企业的生产、销售、回收、定价等多方面决策。

另外,企业社会责任也是再制造供应链管理中非常重要的因素之一。企业社会责任是一种内在动力。它是指企业不仅为股东创造利润,而且强调对环境、消费者和社会的贡献。对企业社会责任敏感的消费者可以从产品(如再制造产品)的环境属性中获得效用,这是供应链中环境可持续性的重要市场驱动力。根据已有的研究成果显示,有 70% 的消费者愿意为具有"负责任"属性的产品支付更高的价格。大多数消费者倾向于购买对社会负责和对环境友好的产品。企业的回收和再利用过程是提高企业社会责任水平的一种方法,现在越来越多的企业意识到承担企业社会责任的重要性。2008 年的一项研究指出,全球 250 家大型企业中有 80% 在当年发布了企业社会责任报告,苹果和耐克等大型企业中有 80% 履行了企业社会责任。为了追求企业利润最大化,许多企业必须承担企业社会责任。因此,企业可以通过实施再制造,实现对废旧产品的回收再利用,这会极大提高企业社会责任水平,进而增加消费者对再制造产品的需求,最终企业因此获得更多收益。

1.1.2 本书的意义

本书以再制造供应链为研究对象,从消费者角度和企业角度发现问题,分别研究在消费者支付意愿差异和企业承担社会责任下,再制造供应链的最优决策问题。本书在充分借鉴以往关于再制造供应链及相关领域研究成果的基础上,结合消费者支付意愿差异因素和企业社会责任因素,探索再制造供应链运作中,消费者支付意愿和企业社会责任对再制造供应链的影响,以及在这些复杂的情况交织下,再制造供应链成员应如何做出最优决策。本书的研究具有重要的理论意义和广泛的实践意义。

本书同大部分研究一样,利用博弈论的相关知识对再制造活动进行了研究,丰富了博弈论以及再制造决策研究的研究体系。此外,本书相比于其他著作和文献,综合考虑了在消费者支付意愿差异和企业承担社会责任的背景下,再制造供应链的运作决策问题,这极大地完善了再制造供应链的相关研究,为后续研究扩展思路并提供了基础和铺垫。

本书能够对再制造供应链上的成员运作决策提供指导。运用本书的研究成果,再制造供应链中的企业不仅能有效应对资源危机、环境污染、"三期叠加"矛盾,更能顺应消费者多样化需求,积极承担对环境和社会的责任,最大化企业效益,实现经济发展和环境保护的双赢。再制造供应链管理和优化问题已经成为企业界、学术界和政府关注的热点问题。随着时代的发展,如何在消费者存在支付意愿差异的情况下实现再制造供应链整体最优,再制造供应链成员如何在承担企业社会责任的背景下做出最优决策等一系列新问题,都是迫切需要考虑和解决的问题。本书正是从以上问题入手,进行思考、建模和求解。本书的研究成果将着力解决以上问题,并为再制造供应链企业决策提供理论指导和依据。

1.2 国内外研究现状

目前,再制造供应链相关文献愈加丰富,许多学者从再制造供应链的不同视角进行研究,如生产计划和库存管理、逆向网络设计、渠道管理、产品价格、产品质量、风险态度、社会环境等等,但从支付意愿和社会责任角度研究再制造供应链的研究很少。本书从再制造供应链中的支付意愿和社会责任问题出发,旨在通过理论建模和实证分析,演绎构建再制造供应链决策与优化多目标模型群。本节总结与本书研究内容相关的文献如下。

1.2.1 再制造供应链定价、回收与协调

1.2.1.1 再制造供应链中的定价策略

在不同渠道策略下的再制造供应链定价与协调决策方面:Xie 和 Chen (2014)在双渠道供应链系统处于稳定状态时,计算了最优价格、销售量和回收率[1]。Xie 等(2017)研究了双渠道再制造供应链的定价决策与契约协调,得出了最优的线上与线下价格、批发价格和广告投入[2]。Saha 等(2016)研究了在双渠道再制造供应链中采用奖励驱动政策以获取专门用于再制造的旧产品,考虑了由制造商、第三方回收者和零售商组成的供应链结构的最优定价决策[3]。Giri 等(2017)研究了双渠道再制造供应链中制造商通过传统零售渠道和互联网渠道将产品销售给消费者,并从五个不同的角度分析了供应链的定价和收益决策[4]。Gan 等(2017)分析了分散销售渠道下由制造商、零售商和回收方三者组成的再制造供应链特点,针对短生命周期产品,确定零售商、回收方和制造商的最优价格决策[5]。

在竞争与合作下的再制造供应链定价与回收策略方面:Jena 和 Sarmah (2014)研究了由两个相互竞争的制造商组成的再制造供应链,针对非合作系统、渠道合作系统和全球合作系统三种不同的情况制定了数学模型并做出最优决策,结果表明全球合作系统是最优的[6]。Wu 等(2018)研究了由一个制造商和两个竞争零售商组成的再制造供应链在再制造成本中断时的生产和协调决策,制造商在面对大规模的中断时才会调整生产决策,且收益共享契约可以有效地协调再制造供应链[7]。Xiong 等(2016)分析了分散式再制造供应链中制造商与供应商竞争性再制造的绩效,发现当单位再制造成本高的时候,制造商和消费者

倾向于制造商再制造[8]。Zheng 等(2017)研究了正向渠道竞争和权力结构对由制造商、零售商和回收方组成的双渠道再制造供应链的影响,在不同的渠道权力结构下探索集中与分散模式的定价决策[9]。Wang 等(2018)研究了具有竞争性回收市场和产品市场的再制造供应链,发现制造商总是选择回收和再制造废旧产品,而回收渠道则依赖于回收的单位成本和外包的补偿[10]。

1.2.1.2 回收方法和回收品质量、价格对再制造供应链的影响

(1)对于再制造供应链的回收方法问题。Guide 等(2003)提出了通过经济回扣来解决回收问题[11]。Savaskan 等(2004)研究了协调再制造供应链的回收渠道,讨论了回收废旧产品的四种选择:集中回收、制造商回收、零售商回收和第三方回收[12],被认为是回收渠道的经典论文。本书研究的是制造商主导的回收。Huang 和 Song 等(2013)探讨了在正向供应链中制造商通过零售商销售产品,逆向供应链中零售商和第三方竞争回收废旧产品的双回收渠道的再制造供应链的最优策略[13]。通过对比分析,得出的结果可为废旧产品回收模式的选择提供参考。Yi 等(2016)证实了双回收渠道可以使再制造商获得更多的旧产品回收和利润,逆向物流成本系数决定了零售商和第三方之间回收贡献的最优分配[14]。Georgiadis(2013)提出了回收行业战略容量规划的系统动力学模型。这个模型捕捉现实世界回收网络中明显的实物库存和流动,包括控制这些流动的反馈机制[15]。Modak 等(2018)分析了在二级再制造供应链中的定价决策过程中回收效果和产品质量水平的影响,其中需求对价格和产品的质量水平都很敏感。他们发现,第三方参与旧产品回收活动总是不利的[16]。Su 等(2019)建立了两阶段再制造供应链博弈模型。从环保投入对整个供应链的影响来看,制造商选择第三方回收再制造供应链模式时,不同的选择会对整个供应链的效益产生影响[17]。Xu 等(2018)比较了集中式和分散式两种情况下的决策和利润,即在纳什均衡框架下,通过提供收益和成本共享契约来实现供应链协调,并得到可以通过共享系数来提高供应链绩效[18]。

(2)回收品质量差异的再制造供应链决策。相比于传统制造系统来说,再制造系统会更具复杂性,这是因为再制造具有回收时间、回收质量、回收数量等不确定性的因素,在进行供应链决策时会更加困难。目前,国内外已经有很多学者开始进行再制造不确定性因素的研究,其中回收产品质量不确定是再制造供应链的研究热点。Rahman 和 Subramanian(2012)分析了再制造供应链的影响因素,发现废旧产品的回收质量起着至关重要的作用,回收质量过低的废旧产品会让企业付出很大的成本[19]。由于废旧产品质量的不确定性导致产品处理程度不同,因而再制造成本也不同,目前已有许多研究探讨其如何影响再制造成本、

回收成本以及回收率。Galbreth 和 Blackburn(2009)考虑了回收品质量差异,并假设再制造成本与回收质量有关,并建立它们之间的函数关系,通过模型求解得到了可进行再制造的废旧产品质量程度的最小值[20]。Aken 等(2009)考虑了回收成本与废旧产品的回收质量有关,探究了政府补贴对回收商进行废旧产品回收的影响[21]。陈丽华和王波(2010)探究了回收率依赖回收品质量情形下的制造/再制造混合系统,构建了新产品与再制造产品质量无差异的 EOQ 模型,得到了不允许缺货的条件[22]。刘慧慧等(2013)探讨了对于不同回收质量的废旧产品的再制造应考虑再制造过程成本差异,并构建了双渠道竞争模型,研究政府补贴与回收品质量限制对再制造产业发展的影响[23]。Guo 和 Ya(2015)专门探究了回收品质量对再制造供应链各成员决策的影响,并假设回收率,回收成本以及再制造成本是最低质量水平的函数[24]。Aydin 等(2018)提出了回收价格和再制造成本都是高度依赖于回收产品的质量,并将消费者偏好纳入新产品和再制造产品的需求估算,最终得到了多周期最优回收数量和再制造决策[25]。Taleizadeh 等(2019)考虑到废旧产品质量的不确定性对回收价格和再制造过程成本的影响,利用模态区间算法对再制造企业的动态定价和回收策略进行了分析[26]。

除了定性分析回收质量不确定性的影响,研究者开始尝试对废旧产品的质量进行定量描述,并对废旧产品的质量分布进行调查与讨论。冯珍等(2010)采用模糊综合评价法描述了废旧产品的质量特性,且利用专家评价提高质量特性的准确度[27]。Robotis 等(2012)假设再制造成本受回收品质量的影响,且取决于可再制造部分所占的比例,构建了供应链博弈模型,得到了最优的再制造决策[28]。谢家平等(2012)设定降级率以表征回收产品的质量破坏程度,并探究了降级率以及消费者需求敏感性对再制造决策的影响[29]。高雅和郭建全(2014)认为,回收率、回收成本以及再制造过程成本都是和废旧产品质量相关的,并在回收质量服从指数分布下确立了各函数关系,研究发现,以低回收成本得到质量较差的废旧产品会获得更多利润[30]。Rahanian 和 Mashhadi(2017)提供了影响产品的内部因素,如组件的未来可重用性、产品标识数据和产品健康状况,从而为每个产品单元导出一个可重用性索引的一种质量分级和分类的方法[31]。

基于回收质量的差异,很多国内外研究者还探索如何在废旧产品质量不确定的影响下制定最优生产决策。Hula 和 Aybek(2009)研究了回收质量的不确定性对再制造系统决策的影响,发现采用质量分级时的不同再制造成本决策可以明显降低生产成本[32]。Deniz 和 Ferguson(2010)基于回收质量具有不确定性,并结合实际假设其会对生产计划产生影响,在此前提下构建模型,求解出最优的回收率、最低质量水平和库存规模决策[33]。Tenter 和 Flapper(2011)考虑了确定性需求和不确定性需求两种情形下的有限个质量分级的最优回收数量和定价策略[34]。杨爱峰等(2014)研究了包含回收中心、排序中心的再制造系统在回收质量不确定情况下的最优采购数量以及最优排序策略[35]。Atalay 和 Souza(2015)按照质量等级将回收产品分类,研究了废旧产品的质量对制造商选择生产的新产品质量决策的影响[36]。Radhi 和 Zhang(2016)假设再制造商用多个可进行再制造设施以满足不同的消费者及市场需求时,发现再制造生产网络的配置会受到回收品质量的影响[37]。周雄伟等(2017)考虑了回收渠道和回收品质量水平两个因素,分别构建了制造商进行回收、零售商进行回收和第三方进行回收的决策模型,研究发现,回收渠道的选择取决于产品进行再制造时的成本的节约程度[38]。Jeihoonian 等(2017)在回收质量不确定的情况下设计了再制造供应链网络,构建了两阶段的以耐用消费品为例的随机混合整数规划模型[39]。Zhou 等(2018)认为,处于寿命末期的产品质量具有很大的差异,会导致再制造产品成本和再制造进行过程中碳排放量不同,构建了考虑质量不确定的再制造模型并得到了最优采购决策[40]。

(3)回收品回收价格制定的再制造供应链决策。由于再制造以废旧产品为原材料,因此其生产成本远远低于新产品,现在有很多企业开始关注再制造领域,为了争夺废旧产品,回收商通常采取回收补贴的方式,即以一定的价格向用户回购废旧产品。对于回收价格的制定,再制造供应链成员需综合回收成本与回收数量。因此,再制造供应链的回收价格成了区别于传统供应链需要特殊考虑的因素。

回收价格的制定是许多研究者需要考虑的,因为回收价格过高,会导致回收成本偏高,但回收价格过低,在存在回收竞争的市场中不能获得足够数量的废旧产品,即回收价格会影响回收成本与回收率。

回收价格会对回收率/回收数量产生影响。樊松和张敏洪(2008)假设回收率与回收价格线性相关,且回收产品属于同一个质量等级,研究了制造商回收、零售商回收以及第三方回收时的回收价格制定[41]。李响和李勇建(2012)在随机需求环境下构建了再制造供应链的利润模型,并假设废旧产品的回收数量是回收价格的函数,得到了回购契约、订购数量契约以及价格折扣契约下的最优销售价格与回收价格[42]。Yan(2012)考虑了不同回收率和回收价格的两阶段博弈模型,并在分散决策和集中决策下求解最优回购价格,发现了制造商回收时集中决策的回收价格低于分散决策[43]。孙嘉轶等(2013)基于制造商回收、零售商回收的不同回收渠道,设定废旧产品回收数量为上一阶段新产品销售数量与回收价格的相关函数,研究了供应链各成员应如何做出最优决策[44]。Meng 等(2017)探究了回收质量对回收决策的影响,构建了基于质量的以提高回收率为目标之一的多目标模型[45]。

回收价格同时还会影响回收成本。Wei 和 Zhao(2011)考虑了回收制造比率,运用模糊理论和博弈论研究再制造决策,得到了供应链成员零售商和制造商的最优零售及批发价格,并在回收成本中考虑回收价格,得到了最优回收价格[46]。塞明和陈志刚(2014)考虑一个由再制造商以及两个存在回收价格竞价的第三方外包回收商组成的二级再制造供应链,得出了最优回收价格决策[47]。He(2015)考虑在需求与供应都不确定的随机环境中构建再制造供应链模型,求解协调的再制造最优定价以及最优回收价格[48]。

以上研究中回收价格都是统一制定的,但在实际中,由于用户回收的废旧产品购置时间及耗损程度不同,用户也希望得到与质量匹配的回收价格。因此,很多研究者开始研究回收质量与回收价格之间的关系,以便对于具有质量差异的回收产品给以不同的回购价格。Guide 等(2003)指出了废旧产品质量不确定性对回收价制定和进行再制造的利润都会产生影响,并构建了最优决策模型,结果发现,调节废旧产品的回收质量可以提高供应链的整体效益[49]。Saadany 和 Jaber(2010)提出了回收价格与废旧产品的回收质量有关,探究了回收成本可变的再制造决策[50]。Cai 等(2014)基于混合制造/再制造系统,通过随机动态规划模型,研究了回收产品不同质量水平下的最优回收价格与回收数量[51]。Bhattacharya 和 Kaur(2015)把回收品按质量归为不同的等级水平,且给予回收用户不同的回收补贴,再将这些回收品划分到各个再利用阶段,并把再制造供应链利润的最大化作为目标,求解出最优的价格决策以及不同再利用阶段下的回收率[52]。

如何构建回收价格与回收质量的函数关系也是许多研究者努力研究的方向。顾巧论等(2006)采用三角模糊数,以处理因废旧产品质量差异而造成的回收补贴不确定性,构建了包含制造商以及零售商的逆向供应链模型,并求得了回收价格的波动范围[53]。Pokharel 和 Liang(2012)基于回收产品质量的不同,对回收产品制定质量等级,并假设第三方作为回收商,对不同等级的废旧产品制定不同的回收价格策略以及回收量,构建了用于评估回收价格和再制造数量决策的解析模型[54]。Liu 等(2016)继续考虑回收质量的不确定性,且基于回收价格是回收质量的函数,构建了双渠道竞争的再制造供应链模型,研究了政府补贴和废旧产品质量差异对再制造市场的影响[55]。Huang 等(2018)基于废旧产品质量的不确定性会影响回购价格和再制造成本,利用模态区间算法对再制造企业的动态定价和回收策略进行了分析[56]。

现在越来越多关于回收质量差异及其带来的影响的再制造研究,但大多是考虑其对一个因素,例如回收成本、再制造成本或是回收率的影响,但在实际中,它们之间是有关联的,回收品质量的差异会导致回收价格、再制造过程成本的不同,而回收价格的变化会导致回收率的变化,从而导致回收成本的变化。本书中不仅考虑了回收产品质量的差异性,还考虑了回收质量差异对回收价格、再制造过程成本的影响,并进一步探讨了受回收质量影响的回收价格对回收率的影响。

1.2.1.3 考虑专利许可、碳排放与再制造供应链协调

(1)考虑专利许可的再制造供应链。考虑专利许可的再制造供应链,是再制造供应链中有多个再制造项目时的一种策略。Cruz 使用多准则决策方法研究了企业社会责任对供应链管理的影响[57]。Zhao 等研究了具有网络效应的最优专利许可契约,并通过建立 Stackelberg 模型研究了对福利的影响[58]。Huang 和 Wang 研究了专利授权下产品回收和混合再制造的再制造供应链模型,并讨论了再制造能力对供应链成员和环境可持续性的影响[59]。Hong 等使用两种许可模式研究了再制造供应链中的数量和集体决策:固定费用和单位使用费[60]。Sun 等讨论了在三种不同决策结构下对双方而言最优的博弈策略:两种竞争模式(有或没有再制造专利许可的竞争)和合作模式[61]。Huang 和 Wang 研究了具有技术许可的再制造供应链[62]。Jin 等考虑了两个时期的博弈模型,设计了最优的专利许可契约和生产外包策略,并分析了企业社会责任的价值[63]。

(2)考虑碳排放约束的再制造供应链。随着全球气候变化问题愈加严峻,学者们开始将自然环境纳入战略和运营层面的考量,关注企业在低碳下的经营决策,研究碳排放政策在供应链管理中的作用。在生产定价和减排策略方面,Hammami 等(2015)在碳排放约束下开发了一个多层次的生产-库存模型,比较了单个碳排放上限和全球排放上限对总排放量的影响[64]。Cheng 等(2016)建立了混合整数非线性规划模型来分析碳排放法规对传统库存路径问题(IRP)的影响,他们发现,有时较小的碳限额会产生更多碳排放[65]。Qi 等(2017)研究,碳排放总量限制下企业最优定价决策,其中供应链由一个供应商和两个相互竞争的零售商组成[66]。Yang 等(2018)考虑了总量管制和消费者偏好对制造商渠道选择策略的影响,而随着消费者网上购物的兴起,政府可制定更加严格的碳排放政策[67]。在成员协作和渠道协调方面,Yang 等(2014)比较了四种低碳政策(基本模型、碳排放模型、碳排放交易模型和碳税模型),证明碳排放交易政策是促进供应链减少碳排放的有效机制[68]。Ding 等(2016)提出了一个具有环境约束和碳排放上限的协同供应链决策框架,发现供应链成员之间的合作能显著提高环境绩效[69]。Xu 等(2016)研究了 MTO 供应链的生产、定价和协调问题,制造商可以通过使用绿色技术来减少单位产品的碳排放,他们指出,批发价格和成本分摊契约都可以协调供应链[70]。Ji 等(2017)将消费者的低碳偏好引入具有碳排

放约束的双渠道供应链中,研究了制造商和零售商之间的低碳合作对渠道的影响[71]。Zhou 等(2018)研究了实施碳税政策是否会改变供应链成员的定价决策和社会福利,发现政府以最优税率制定的碳税法规能有效地改善社会福利[72]。

相比于传统制造业,再制造更有利于节约资源,减少碳排放量(Peters 等,2016;Turki 等,2018)。因此,近几年学者开始注重碳排放在再制造供应链中的研究[73-74]。Chang 等(2015)通过研究两期规划范围内企业生产和再制造决策发现,只有在可替代需求市场中碳限额和交易机制才能诱导企业选择低碳再制造技术[75]。Miao 等(2016)研究了碳排放法规下的以旧换新问题,结果发现,引入碳排放法规可以促进再制造产品的销售,同时降低新产品的需求[76]。Bazan 等(2017)研究了不同协调机制下的再制造供应链模型中能源和碳排放对供应链模型的影响[77]。Wang 等(2017)研究了在碳排放约束和资金约束下企业最优生产决策问题,结果表明,资本约束可以鼓励制造商在更高的质量水平上进行再制造,并显著降低碳排放[78]。Chai 等(2018)探讨了在碳限额与交易机制下,一个同时参与生产和再制造的垄断制造商在单一时期实现盈利的可能性,结果表明,碳排放总量控制和碳交易对普通市场和绿色市场的再制造都具有重要意义[79]。Wang 等(2018)在新产品和再制造产品有差别的情况下,研究了碳排放税对制造和再制造的最优生产决策的影响,发现政府可以通过选择合理的碳排放税来刺激制造商同时投资碳减排技术和再制造[80]。在产品差异下,Turki 等(2018)进一步考虑了随机机器故障和两种产品不同的随机需求,发现碳排放上限较低或碳交易价格较高能促使生产者回收和再制造,减少企业碳排放[81]。Kundu 等(2018)假定再制造产品质量较差,建立了企业在两个不同市场上销售新产品和再制造产品时不同碳调节机制下的决策模型,证明了再制造是降低碳排放的有效策略[82]。而 Haddad-Sisakht 等(2018)考虑需求和碳税税率的不确定性,设计了一个三阶段混合随机模型,发现调整运输方式容量可以替代建造额外设施来应对碳税的不确定性[83]。Zhou 等(2018)在碳排放约束下考虑了再制造供应链中的质量不确定性,结果表明,考虑质量不确定性对碳排放的影响可以有效提高企业的利润,降低企业的碳排放总量[84]。我们可以发现,与碳排放有关的再制造供应链文献愈加丰富,有的学者开始考虑需求、税率及质量的不确定性,有的学者则开始结合资金约束或消费者偏好进行研究,但是尚未有人将企业社会责任引入模型,考察企业社会责任对碳排放的影响。因此,本书中的研究是独特且创新的。

(3)再制造供应链协调机制。对于再制造供应链协调机制方面的研究,Panda 等[85]解决了渠道冲突,并通过纳什议价契约在渠道成员之间分配了剩余利润。Zhang 和 Ren[86]研究了再制造供应链协调策略,用于专利产品的再制造。

Seyedhosseini 等[87]提出了由两部关税契约为所有供应链成员提供双赢的局面。Hosseini-Motlagh[88]考虑了不同的需求条件,研究了企业社会责任的再制造供应链协调。Li 和 Gong[89]建立了一个再制造供应链模型,并设计了一个成本分摊契约来实现供应链的协调。

1.2.2　再制造供应链中的消费者支付意愿

1.2.2.1　消费者支付意愿描述及其差异产生原因

产生消费者支付意愿(willing to pay,WTP)差异的原因,国内外研究者做了许多研究,总结起来可以归纳为:消费者的认知水平、消费倾向、质量感知以及消费者类别。

Cheng 等(2016)提到,消费者因为认知水平和消费倾向的不同,对于再制造品的接受程度是有区别的[90]。Daniel 等(2010)提出,对于消费者来说,始终感觉再制造品的价值低于新产品,因而支付意愿也低于新产品[91]。我国《循环经济促进法》强调,公司必须在再制造品标注"再制造"字样,不能有欺瞒行为。消费者在选择购买时保有知情权,这将直接影响对再制造品有偏见的消费者的购买行为。Abbey 和 Blackburn(2015)采用实验法验证了市场上存在绿色消费者,这类消费群体对再制造这种绿色产品会更加地偏爱[92]。Hazen 等(2012)使用实证分析方法解释了影响支付意愿的因素中除了质量感知,还有消费者的模糊容忍度[93]。Agrawal 等(2015)同样基于支付意愿差异,采用实证法证明了再制造产品的存在会影响消费者对新产品的感知价值,并且如果阻止第三方的竞争,再制造的利润可能会减少[94]。

基于消费者对再制造品与新产品的支付意愿差异,许多关于如何描述支付意愿的研究应运而生,并探讨新产品与再制造产品的生产量之间的关系。Debo 等(2005)假设在市场容量为 1 的情况下研究支付意愿,对于新产品,得到的分布函数为 $F(\theta)=1-(1-\theta)^k$,分析特别在 $k=1$ 时,支付意愿就服从特殊的分布,为 0 到 1 的均匀分布[95]。Ferguson 和 Tokay(2006)在假设消费者支付意愿存在差异且对再制造产品的偏好不高于新产品的前提下,假设对再制造品的偏好系数为 β,针对新产品,其支付意愿沿用 Debo 的假设,即是 0 到 1 之间均匀分布的特殊情况,得到新产品与再制造品的定价策略[96]。Ferrer 和 Swaminathan(2006)研究了两阶段和多阶段两种情况下的产品最优生产数量,得出了在售价相同的条件下,消费者更偏好于原始制造商进行再制造这一结论[97]。2010 年,上述两位研究者对其之前的消费者支付意愿存在差异的假设进行了扩展,将原假设中市场容量为 1 扩展为市场容量设为 Q,针对新产品研究支付意愿的分布函数,得到了 $[0,Q]$ 的均匀分布,并在此条件下研究再制造决策问题[98]。Guide 和 Li(2010)探究了在消费者支付差异背景下的再制造品需求量,并发现当再制造品进入市场后,在竞争中会对新产品带来影响,具有蚕食效应[99]。

1.2.2.2 消费者支付意愿差异与其他不确定因素下的再制造供应链

随着经济的发展和消费者对产品偏好的变化,在再制造供应链中,消费者对新产品和再制造产品的支付意愿存在显著差异。现在已经有较多研究者考虑 WTP 差异会对再制造供应链决策产生影响,并在此假设下探究再制造的生产决策。新产品和再制造产品的 WTP 差异已经引起了学者们的关注。Devavrat (1992)指出,二级市场较旧版本产品的价格会根据新版本产品的变化而进行调整[100]。Harrison 等(2005)研究了这些试验的原理,引起了关于条件价值评估法(CVM)对环境损害价值评估的有效性的争论[101]。CVM 是一种通常用于环境资源评估的调查工具。李帮义和张雪梅(2016)探究了在 WTP 差异的条件下,再制造可由原始生产商与第三方制造商完成,分析得到了新产品、再制造产品最优价格策略[102]。高阳和杨新(2014)阐述了 WTP 差异会直接影响供应链的生产决策,并在此考虑下进行了供应链协调[103]。孙浩和达庆利(2010)在 WTP 差异的背景下,对新产品与再制造品进行差异定价,并对再制造供应链利润进行协调得到了最优定价策略[104]。Long 等(2017)基于新产品、再制造产品差异定价的前提,考虑了分散决策、集中决策情形,并构建了三个模型,求解出了制造商与再制造商的最优利润与定价决策[105]。Li 等(2017)分析了两个阶段的供应链成员间非合作情形,在第二阶段有再制造品进入时,假设存在支付意愿差异,并构建了博弈模型,结果表明,产品生命周期以及支付意愿会对制造商选择是否进入再制造领域的决策有直接影响[106]。

消费者支付意愿差异是再制造系统中必要的因素,大多数研究是考虑其对需求数量的影响,现在越来越多学者将 WTP 差异与其他不确定性因素结合考虑以研究再制造系统,例如需求不确定、政府补贴政策、竞争因素等等。郭军华等(2013)基于 WTP 差异,在需求不确定环境下,探究了质量相同的再制造品以及新产品的联合定价决策,并说明了产品定价、供应链利润会受消费者对再制造品的认同程度影响[107]。于春海等(2017)研究了 WTP 差异与碳交易制度约束下的再制造生产决策,结果表明,用户对于再制造品具有更大的偏好程度时,越能提升企业进行再制造的积极性,且会增加制造商利润[108]。Wu 和 Xiong (2014)考虑了两阶段下新产品、由原始制造商生产再制造产品和由再制造商生产再制造产品这三种产品之间的竞争,给出了 12 种生产策略,得出:在再制造商进入竞争后,原始制造商获得的利润会减少;原始制造商想要获得更大利润,只有进入再制造领域;当生产新产品付出的成本很低时,原始制造商进行再制造则无利可图,而再制造商反而会选择将回收到的所有产品全部进行再制造[109]。

目前,在再制造系统决策中,消费者支付意愿存在差异已经达成共识,许多研究者都将其作为一个考虑因素。本书也基于 WTP 差异的背景采用与 Ferrer和 Swaminathan(2010)相同的关于消费者偏好系数的假设[98],在此基础上研究回收品质量差异的再制造定价,并结合消费者效用得到新产品与再制造产品的需求量,将其应用于再制造定价决策模型中。

1.2.3　再制造供应链中的企业社会责任

1.2.3.1　企业社会责任的应用及其影响的定量研究

企业社会责任(corporate social responsibility,CSR)不仅只是一个突出的研究主题,更关乎企业价值使命,许多文献对企业社会责任的应用及其影响进行了定量与实证研究。Carter Jennings(2002)发现,CSR 与供应商绩效之间存在正相关关系[110]。Murphy 等(2002)研究了一份企业社会责任报告,解释了企业社会责任在企业生产中的重要性[111]。第二年,Auger 等(2003)提出了消费者倾向于购买具有社会责任特征的产品[112]。Carter 和 Jennings(2004)通过案例研究表明了企业社会责任在供应链决策中的重要性,社会责任型供应商更能吸引社会关注[113]。Maloni 等(2006)根据以往的研究,并结合新兴行业的发展,在行业中开发了一个全面的供应链 CSR 框架[114]。该框架详细介绍了企业社会责任在食品供应链中的独特应用,包括动物福利、生物技术、环境、公平贸易、健康和安全以及人权。Panda(2014)认为,企业社会责任大致可定义为企业对众多利益相关者表现社会责任和伦理责任的一种行为[115]。企业在追求利润最大化的同时,其工作条件却不尽人意。Hsueh(2014)提出了一种新的涉及企业社会责任的收入共享契约(RS-CSR),用于协调二级供应链。实验结果既符合文献中揭示的一些事实,也为企业社会责任融入供应链提供了一些见解[116]。RS-CSR 契约要求制造商投资于 CSR,并向零售商收取批发价。在零售商销售产品后,他们将按其收入的比例回收给制造商。企业社会责任与企业绩效之间存在一定相关关系。Carter 和 Jennings(2015)指出,企业社会责任的相关支付将有助于提高供应商的绩效[117]。Asgary 等(2016)考察了企业社会责任(CSR)在跨国公司(MNC)供应链运作中的经济影响,将供应链管理中的牛鞭效应理论扩展到道德操作环境,并定义和评估了由不道德操作(BEUO)导致的特殊牛鞭效应[118]。

Panda 等(2017)通过考虑利润最大化和产品回收的社会责任两个方面,分析了企业社会责任(CSR)的作用,探讨了具有社会责任的制造商-零售商再制造供应链中的渠道协调问题[119]。

第二个研究方向是供应链管理中的 CSR 活动。Ni 和 Li[120]研究了企业和供应商在 CSR 行为的相互作用以及外部参数对该相互作用的影响。Panda[121]发现,收益共享契约可以使企业社会责任零售商的利润最大化。Modak 等[122]分析了企业社会责任的双渠道供应链,并研究了其对双渠道供应链的影响。Panda 等[123]讨论了由企业社会责任制造商和零售商组成的供应链中的协调和利润分配问题。Panda 和 Modak[124]通过子博弈的完美均衡和协调研究了企业社会责任制造商和零售商之间的渠道协调和利益分配。White 等[125]通过定量和定性模型总结了对企业社会责任的研究。Modak 等[126]在两级再制造供应链中研究了 CSR 实践。

1.2.3.2 再制造供应链中企业社会责任的数学建模

部分研究建立了数学模型来分析供应链中的企业社会责任对价格、成本、风险、回收率和利润等因素的影响,探讨了实现供应链渠道协调的方法。Panda(2014)首先探讨了企业社会责任(CSR)制造商与零售商的定价决策与协调,发现收益共享契约能完善 CSR 零售商的福利最大化动机,解决渠道冲突[127]。Panda 等(2015)进一步分析了由制造商、分销商和零售商组成的三级供应链的协调关系,提出了解决渠道冲突的批发价格折扣与纳什讨价还价契约,并在渠道成员之间分配盈余利润[128]。之后,Modak 等(2015)将研究扩展到双渠道供应链,将企业社会责任的影响以消费者剩余的形式纳入了社会责任企业的利润函数,研究 CSR 对双渠道供应链成功运行的影响并开发了一个混合协调机制以协调渠道,其中制造商和零售商通过纳什讨价还价实现盈余分配[129]。Panda 等(2016)讨论了企业社会责任(CSR)供应链中的协调和利润分配问题,发现当渠道成员不是完美的福利最大化者时,数量折扣契约解决了渠道冲突[130]。Liu 等(2017)将研究细分在旅游供应链上,探讨了具有企业社会责任的二级旅游供应链的定价、环境治理效率决策和渠道协调,发现环境治理效率或销售数量随着旅游经营者社会责任的增加而增加,双方成员的利润亦随着旅游经营者社会责任的增加而增加[131]。从企业盈利角度出发,Panda 和 Modak(2016)通过子博弈完美均衡替代报价谈判,发现企业社会责任实践之后,渠道的非利润最大化目标比利润最大化目标产生更高的利润[132]。

1.2.3.3 再制造供应链中企业社会责任的管理实际意义

一些文献对企业社会责任在管理中的实践提出了建议,Amaeshi 等(2008)

认为供应链中更强大的成员有责任影响较弱的成员,强调了使用行为准则、企业文化、人员培训和价值重新定位作为在供应链上施加积极道德影响力的可能来源[133]。White 等(2017)对服装行业企业社会责任现存文献进行了定性和定量分析,发现尽管服装生产商和零售商要解决一系列关键的企业社会责任问题,但他们倾向于呼吁其他行业和竞争对手,而不是自己率先成为先行者或早期采用者[134]。Stekelorum(2019)对中小企业供应链中企业社会责任实践的实施进行了系统的文献综述[135]。可见,在研究企业社会责任的经济影响中,不少文献倾向于采用实证研究的方法。

与以上文献不同的是,本书中的研究在 CSR 再制造供应链中引入碳排放约束及政府奖惩机制,探讨了碳排放约束与政府奖惩对定价策略、回收策略、渠道成员收益及碳排放量的影响,并且构建了社会福利最大化模型,从社会福利视角研究企业社会责任对社会的贡献,并将其与制造商总收益最大化模型进行比较分析,探讨了二者在渠道收益及环境效益方面的不同。

1.3　本书的内容与体系结构

从本书所涉及的研究范畴——消费者支付意愿与企业社会责任来看,虽然再制造供应链决策的相关研究已有比较丰富的成果,但本书所涉及的内容进一步丰富了相关的研究内容,具体研究内容如下:

第 1 章绪论。阐述消费者支付意愿差异同时企业承担社会责任下再制造供应链生产决策问题的研究背景、意义以及研究现状,并对本书的框架体系和研究方法、创新点进行归纳总结。

第 2 章回收品质量差异下再制造供应链定价决策研究。在消费者支付意愿具有差异的背景下,考虑回收产品具有回收质量差异,描述了在消费者支付意愿差异和回收质量不确定时的需求函数、再制造成本函数、回收价格函数、回收率函数以及回收成本函数。结合实际,考虑回收价格随回收质量改变以及回收价格统一制定这两种情形,构建了包含制造商、零售商、消费者并以制造商为领导者的两个博弈模型,然后分别在分散决策和集中决策两种情形下对模型进行分析,得到了再制造供应链的最优生产价格决策。

第 3 章消费者异质购买意愿下再制造供应链策略分析。考虑消费者对再制造品的感知不同,建立了多个再制造模式的模型,分别在一阶段和两阶段的再制造供应链的情境下,来确定制造商的最优回收策略和再制造决策。为了获得更高的利润,制造商在一阶段和两阶段都应该参与再制造。研究结果对企业的产品回收和再制造具有一定的政策意义。

第 4 章企业社会责任下再制造供应链的生产决策与协调机制。将企业社会责任纳入供应链管理的经典框架,将企业社会责任内生化和外生化,研究专利许可下再制造供应链决策,并通过收益共享契约进行协调。在实践中,提高消费者的社会责任意识,提高企业社会责任水平,可以实现税收和社会福利的双赢局面。

第 5 章消费者支付差异下企业社会责任的再制造供应链决策。以消费者支付差异为基础,研究了具有企业社会责任的制造商回收二手产品的再制造模式决策问题。利用 Stackelberg 博弈在集中式和分散式模型中分析了开展企业社会责任活动的制造商行为,并考虑不同企业社会责任比率模型下价格、回收率、消费者剩余和供应链成员的利润的变化。

第 6 章碳排放约束企业社会责任异质下的再制造供应链决策。研究政府碳约束政策下企业社会责任型再制造供应链的最优决策问题,探讨碳排放约束与企业社会责任强度对回收再制造决策的影响,并引入社会福利最大化模型进行对比分析。其中制造商负责生产新产品和再制造产品,而零售商负责从消费端回收废旧产品。

第 7 章总结。对本书内容进行总结,并对未来的可能发展方向进行展望。

综上,本书的内容体系结构如图 1.1 所示。

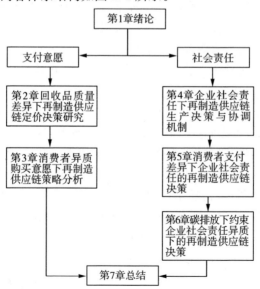

图 1.1　本书的内容体系结构

1.4 本书的理论基础及模型方法

1.4.1 再制造供应链

再制造是以废旧零部件为基础,采用专业化的技术和手段对不同品质的零部件实施不同的处理方式,且重新制造出来的产品无论是性能还是质量都不亚于新产品的一次新的制造过程。2006年,Ferrer和Swaminathan将再制造进行了扩展:再制造是使废旧产品能够达到起始新产品性能的二次制造过程。我国工程院院士徐滨士2007年这样定义再制造:再制造是采用先进技术对废旧的电子产品进行修复和改造,使其达到新产品状态的所有措施和工程活动的总称。

与全新产品的制造相比,再制造具有如下特点:

(1)再制造成本较低。从使用的原材料可以看出,再制造品使用的原材料是那些还具有劳动价值和使用功能的废旧产品,体现了再制造过程的成本优势。

(2)质量可靠。通过再制造的定义可以知道,其要求是性能和质量不亚于新产品,除此之外,随着科技的发展与消费者需求的提高,一些废旧零部件甚至可以进行升级改造,改善原有功能。

(3)原材料获取渠道不同。再制造产品原材料的供应商与新产品生产不同,是来自于终端消费者。

(4)再制造是一种理念创新。再制造是产品进行回收处理时的一类高级形式,既循环使用资源,又减少环境污染,这种行为本身也是倡导一种绿色生活的方式。

再制造供应链是在"资源、制造、销售和消费"的正向供应链上增加考虑废旧产品的反馈回流的逆向过程,废旧产品的反馈回流处理包含维修、再利用、再循环和再制造几种形式,其结构如图1.2所示。

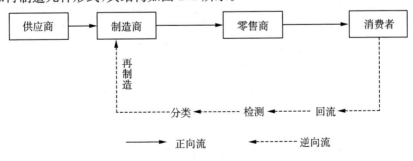

图1.2 再制造供应链结构

相对于传统的正向供应链来说,再制造供应链在其基础上增加了废旧产品回收处理的逆向流动,因此再制造供应链的管理更加复杂,主要体现在:①废旧产品回收时间、地点和数量的不确定性;②回收产品质量的不可控性;③对逆向物流网络的设计;④再制造产品需求的不确定性。

在再制造中,回收渠道是必须考虑的。按照回收主体将再制造供应链回收渠道分为制造商回收、零售商回收和第三方回收。不同的回收模式具有不同的优势:

(1)制造商回收模式。由制造商直接从终端消费者处进行回收有利于控制回收产品的数量和质量,且制造商是满足消费者需求的执行者,制造商直接回收还有利于获取产品信息以及再制造产品的改进要求信息。

(2)零售商回收模式。零售商回收是指零售商受制造商委托,协助制造商完成从终端用户处回收废旧产品,并从制造商处获得一定的经济补偿。由于零售商有庞大的销售网络,在回收时无须建立新的回收物流网络,因此零售商回收具有成本优势。

(3)第三方回收模式。第三方回收是指制造商将回收工作外包给专门从事逆向回收物流的第三方企业,这种回收模式下制造商能够专注于研发制造的核心业务。

1.4.2　供应链协调

再制造供应链是由多个成员组成的,包括供应商、制造商、再制造商、零售商、回收商等。在各成员进行决策时往往考虑自身的最大利益,而没有把自身当作是供应链这个整体的一个环节,最终导致供应链失调,供应链失调会造成整体利益的减少,主要体现在以下两个方面:

(1)双重边际效应的产生。双重边际效应是指供应链上、下游企业为了谋求各自利益的最大化,在独立决策的过程中确定的产品价格高于其生产边际成本的现象。双重边际效应的产生是由于再制造供应链各成员独立行动,即在分散决策情况下,只以自身利益最大化为出发点进行单独决策,而不考虑自身行为对其上下节点成员以及整个再制造供应链绩效的影响,制造商和零售商在制定批发价和零售价时,为使自身利益最大化而造成了整个供应链的两次加价,最终造成整个供应链利润的下降。

(2)牛鞭效应的产生。牛鞭效应是指消费者的需求信息沿着供应链从下至上的传递过程中被逐级放大的现象,这会导致整个供应链订货成本、库存成本的增加。牛鞭效应的产生主要是由于供应链成员之间信息不对称、不共享。为避免牛鞭效应的产生,再制造供应链成员之间需要合作协助,把自身当作是整体中的一部分,以整体利益最大化为目标,提高信息共享和集中决策程度,从而降低不必要的成本,增加自身及供应链的利润在再制造供应链管理中。如果供应链各成员只追求各自的利益最大化,就容易造成供应链失调,使得整个供应链利润损失。为了避免发生供应链失调现象,必须加强供应链成员之间的协调运作。

　　供应链协调策略,协调的概念来源于系统协调,系统协调的目的是使系统整体的输出效用最大,且不小于各子系统的功能输出总和。已有研究风险厌恶型代理的供应链协调总结,当满足以下三个条件时,就认为供应链达到了协调:①零售商和上级供应商获得的收益不会低于各自的独立收益;②供应链整体的利润最大;③可以满足销售商的下跌风险约束。

　　供应链达到协调需要满足的两个条件是:首先,再制造供应链整体利润增加且达到最大。其次,供应链各成员通过协调策略后的利润都不小于分散决策时的最大利润。为实现供应链协调,可以在供应链各成员之间设立一套有效的协调契约来规范每一个成员的决策行为。供应链契约也称为供应链合同,是采用一些激励措施以保证供应链各成员的利益并约束各成员决策行为的相关条款。不同的供应链可根据自身特点采用不同的供应链协调契约,比较常见的供应链协调契约有收益共享契约、批发价契约、数量弹性契约和回购契约四种,下面是对这四种供应链契约的介绍。

　　(1)收益共享契约。收益共享契约就是指制造商以较低的甚至低于生产成本的批发价格将产品提供给零售商,目的是获得更多的生产订单,为了补偿制造商,零售商需要把销售收入的$(1-\varphi)$部分分配给制造商,φ是供应链双方(指制造商与零售商)共同制定的收益共享比例,最终使得双方的利润水平都不低于分散决策状态,且能够达到集中决策时的最大收益水平。

　　(2)批发价契约。在批发价契约中,只有批发价格是固定不变的,零售商依据批发价格的高低来决策其订购量,制造商根据零售商的订购量组织生产,因此制造商的利润是固定的,而由于市场的不确定,零售商需要承担库存成本以及缺货成本的风险,其利润取决于实际销售量。

　　(3)数量弹性契约。弹性契约是一种具有一定灵活度的契约。数量弹性契约是指零售商在预测下一周期的市场需求量后报给制造商订货量,制造商以此为参考数据并组织生产,待市场需求变得稳定后,零售商再确定其最终订货量,但订货量只能在制造商能够承受的波动范围内,最终的市场风险,由供应链各成员共同承担。

　　(4)回购契约。回购契约是指制造商为了激励零售商增加订货量,承诺在销售周期结束后以低于原来批发价的价格回购零售商所有未售出的剩余产品,使得供应链整体收益提高。

1.4.3 模型构建与求解的相关理论

1.4.3.1 动态规划与 Stackelberg 博弈

博弈论是研究各决策主体的行为有直接相互作用时所采取的策略以及这些策略的均衡问题。一个博弈一般包含博弈方(参与方)、行为、信息、次序、收益结果、均衡等要素。

博弈从不同角度可以划分为不同的博弈类型:

(1)从决策时间上可以划分为静态博弈和动态博弈。静态博弈没有时间上的先后之分,是指参与人在同一时间进行决策,博弈方不能得到其他参与者的决策结果;动态博弈则是指参与人在进行决策时有时间先后顺序,后行动参与人能够掌握到先行动参与人的决策结果。

(2)从信息共享程度上可以划分为完全信息博弈和不完全信息博弈。信息包含参与人的特征、决策集合及支付函数等知识。如果每个参与人都掌握其他参与人的信息,基于这样前提的博弈称为完全信息博弈;而参与人之间的信息没有完全公开的博弈称为不完全信息博弈。

在供应链管理中,常常把博弈论作为一种策略思维方法,关注供应链各环节成员之间的博弈。在大多数供应链中,各成员的规模、市场地位并不是对等的。在分散决策时,大企业有着先发优势,会依据自身掌握的有关信息首先做出决策,而谨慎的小企业则会在大企业做出决策后再做出应对反应,因此他们之间的竞争是一种动态博弈。Stackelberg 博弈就可以反映这种具有先后时间行动顺序的博弈。

Stackelberg 博弈又叫作追随者-领导者博弈,是指参与者的力量悬殊,存在领导者和追随者,实力强劲的为领导者,实力相对而言较弱的则是追随者。领导者具有优先做决策的条件,然后追随者结合考虑领导者的决策和自身的利益反馈相应的反应,最后领导者综合所有追随者的可能反应并选择对自身最有利的策略。

1.4.3.2 逆向归纳法

在解决动态博弈问题时,逆向归纳法是进行求解的一种重要方法,是从动态博弈处于最末尾的一个阶段开始一步一步向前逆推并归纳出每个阶段位置的博弈参与人的选择决策。之所以可以用逆推,是因为动态博弈中进行先行动的参与人是理性的,在进行选择策略的时候会考虑很多因素,定然包括在其后面顺序进行行动的参与人所有可能的决策行为,这样下来,只有处于最后一个阶段位置的博弈参与人掌握不到其他参与人的信息,不受制约仅从自身利益出发做出选择。处于后面阶段位置的博弈参与人,当其决策确定以后,其前一阶段位置的博弈参与人能够做出的行为就可以分析确定了。

在采用逆向归纳法时求解双方决策的步骤为:

(1)从最后一个阶段开始,即定位到零售商的决策行为,以零售商的最大利润作为目标函数,并将上一阶段制造商的决策变量看作是定量,求解出自身的最优决策,且该决策变量中含有上一阶段制造商的决策变量。

(2)逐步往前,定位到制造商的决策行为,构建制造商的最优利润函数,由于制造商会考虑零售商的决策行为,所以利润函数中存在零售商的决策变量,将上一阶段得到的零售商的决策变量代入其中,便得到只含有制造商决策变量的函数,可求出制造商的决策变量的表达式。

(3)最后将第二步求出的制造商的决策变量表达式代入第一步中求出的零售商决策变量表达式中,便可求出最终的零售商的决策行为。

1.4.3.3　最优规划与 KKT 条件

库恩塔克条件(Karush-Kuhn-Tucker 最优条件,也称为 KKT 条件),是非线性领域里重要的理论成果之一,是确定某点为极值点的必要条件。在求解含有约束条件的优化问题中,常使用 KKT 条件。库恩塔克条件将拉格朗日乘数法(Lagrange multipliers)中的等式约束优化问题扩展至含不等式约束优化问题。

求解含有约束条件的函数最大值问题时利用 KKT 条件的模型如下:

$$\max f(X)$$
$$s.t. \begin{cases} h_j(X) = 0 & j = 1, 2, \cdots, p \\ g_k(X) \geqslant 0 & k = 1, 2, \cdots, q \end{cases} \tag{1.1}$$

定义约束条件下的拉格朗日函数为:

$$L(X, \lambda, \mu) = f(X) + \sum_{j=1}^{p} \lambda_j h_j(X) + \sum_{k=1}^{p} \mu_k g_k(X) \tag{1.2}$$

其中,λ_j 为等式约束对应的乘子系数,μ_k 为不等式约束对应的乘子系数。

得到 KKT 条件:

$$
\begin{cases}
\dfrac{\partial L}{\partial x} = 0 \\[4pt]
\lambda_j \neq 0 \\[4pt]
\mu_k \geqslant 0 \\[4pt]
\mu_k g_k(X) = 0 \\[4pt]
h_j(X) = 0 \\[4pt]
g_k(X) \geqslant 0
\end{cases}
\tag{1.3}
$$

在以上条件中,第一个条件是对拉格朗日函数取极值时带来的一个必要条件;第二个条件是拉格朗日等式系数约束;第三个条件是不等式系数的约束;第四个条件是互补松弛条件,第五、第六个条件是原目标函数的约束条件。

根据上述 KKT 条件,可以求出解 X^*,但 KKT 条件只是这个解 X^* 是极大值的必要条件,当原问题为在这个解处是凹函数时,则这个解 X^* 也是原问题极大值的充分条件。海塞矩阵常用于判定多元函数的极值问题,是多元函数的二阶偏导数构成的方阵。

设多元函数 $f(x_1, x_2, \cdots, x_n)$,其海森矩阵可表示为:

$$
H = \begin{bmatrix}
\dfrac{\partial^2 f}{\partial x_1^2} & \dfrac{\partial^2 f}{\partial x_1 \partial x_2} & \cdots & \dfrac{\partial^2 f}{\partial x_1 x_n} \\[10pt]
\dfrac{\partial^2 f}{\partial x_2 x_1} & \dfrac{\partial^2 f}{\partial x_2^2} & \cdots & \dfrac{\partial^2 f}{\partial x_2 x_n} \\[10pt]
\vdots & \vdots & \ddots & \vdots \\[10pt]
\dfrac{\partial^2 f}{\partial x_n x_1} & \dfrac{\partial^2 f}{\partial x_n x_2} & \cdots & \dfrac{\partial^2 f}{\partial x_n^2}
\end{bmatrix}
\tag{1.4}
$$

(1)当 H 为负定矩阵时,函数在一阶偏导极值处为凹问题,存在极大值。

(2)当 H 为正定矩阵时,函数在一阶偏导极值处为凸问题,存在极小值。

(3)当 H 为不定矩阵时,函数在一阶偏导极值处不是极值点。

1.5　本书的创新点

在经济发展和环境保护并行的今天,再制造供应链管理成为学术界和企业界研究的热点问题。本文研究了不同经济环境中再制造供应链运作中的消费者支付意愿和企业社会责任决策问题,其特色与创新之处主要体现在以下五个方面:

(1)在消费者支付意愿存在差异的背景下,考虑回收价格随回收质量改变以及回收价格统一制定这两种情形,构建了包含制造商、零售商、消费者并以制造商为领导者的两个博弈模型,然后分别在分散决策和集中决策两种情形下对模型进行分析,得到了再制造形式的供应链的最优生产价格决策。

(2)建立了考虑消费者对购买再制造产品意愿异质性的再制造供应链模型,在一阶段和两阶段再制造供应链情景下,考虑了分销商从事回收和再制造的情形,确定了制造商的最优回收策略和再制造决策。其中还考虑了专利许可费对再制造供应链的监管作用,这为制造商应该选择何种再制造模式提供了参考。

(3)将企业社会责任纳入经典的再制造供应链的研究框架中,通过设定内生性和外生性企业社会责任假设来研究再制造供应链的生产和协调问题。并通过设计收益共享契约协调再制造供应链运作。

(4)建立了单个制造商和单个零售商模型的 Stackelberg 博弈模型。研究了消费者对新产品和再制造产品具有支付意愿差异,制造商回收废旧产品并在再制造供应链中承担不同强度的企业社会责任,并且利用收益共享契约来激励供应链各成员承担企业社会责任。

(5)为了体现碳排放对企业的经济影响,引入碳排放上限和政府奖惩机制对企业碳排放量进行约束。这不仅能探索碳排放约束下企业社会责任强度对企业碳排放的影响,更能体现企业社会责任的环境效应。

第2章 回收品质量差异下再制造供应链定价决策研究

2.1 问题的提出

随着可持续发展理念的倡导,循环经济逐渐成为我国积极推行的经济发展模式,而再制造是实现废旧产品重新利用的循环经济的高级形式。由于再制造以废旧产品为原材料,可以节约成本,现在很多的制造商开始关注再制造市场。其中,再制造供应链比正向供应链更加复杂,这是因为废旧产品的回收时间、回收数量、回收质量都具有不确定性且难以控制。除此之外,消费者对再制造产品具有不同的支付意愿,且心理承受的预期价格一般不高于初次生产的全新产品。本章在消费者支付意愿(WTP)具有差异的背景下,考虑回收产品具有回收质量差异,描述了在消费者支付意愿差异和回收质量不确定时的需求函数、再制造成本函数、回收价格函数、回收率函数以及回收成本函数,并引入收益共享契约实现再制造供应链协调。

2.2 回收价格随回收质量改变的再制造决策模型

由于用户对废旧产品的损耗程度不同,制造商在进行回收时会根据质量高低给予不同的回收补贴。例如,苹果公司现在已经在官方网站上开通回收通道,用户可以在线申请产品回收。苹果公司会根据用户填入的产品近期状态,包括设备的外观、型号、制造年份以及电池使用情况等对产品的质量进行预判并给出预估回收价格,如果用户能够接受这个预估的回收价格,就将产品邮寄到回收机构,苹果公司回收中心在收到产品设备后进一步对其进行零件检测并确定给予消费者的回收补贴。本节探究回收价格随回收质量改变的再制造定价决策。

本节考虑建立一个由制造商作为主导的单个制造商、零售商和消费者组成的 Stackelberg 博弈再制造供应链模型,如图 2.1 所示。制造商可制造新产品,

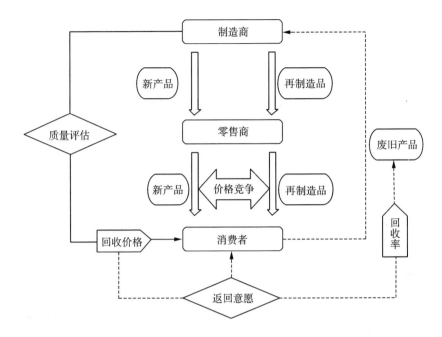

图 2.1　回收价格随回收质量改变的再制造供应链结构模型

同时也可以利用从终端用户处回收的废旧产品生产再制造品。制造商可在向零售商销售新产品的同时销售再制造品,由于消费者对购买新产品和购买再制造品存在支付意愿差异(对再制造品的支付意愿不高于新产品),因此市场会根据零售价格确定新产品和再制造产品的需求量。制造商可以直接从终端消费者手中回收得到废旧产品,回收时首先对回收品进行质量评估,并根据回收品质量给予消费者回收补贴。回收价格补贴会影响回收率,回收补贴价格越高,消费者回收旧产品意愿越高,回收的可能性越高,也代表了回收率越高。在这个过程中,制造商需要确定新产品以及再制造品的批发价,以及根据回收产品的质量情况确定给予终端消费者的回收价格;零售商需要确定新产品和再制造品的订购量以及零售价格以使其利润最大。为方便建模,引入变量,模型相关符号及定义见表 2.1。

表 2.1　回收价格随回收质量改变模型的变量及符号说明

符号	定义
p_n	新产品的单位零售价格(零售商决策变量)
p_r	再制造产品的单位零售价格(零售商决策变量)

续表

符号	定义
D_n	新产品的市场需求量
D_r	再制造产品的市场需求量
w_n	新产品的单位批发价格（制造商决策变量）
w_r	再制造产品的单位批发价格（制造商决策变量）
b_i	质量系数为 q_i 的废旧产品的回收价格补贴（制造商决策变量）
R	回收质量不确定时的回收率期望值
θ	消费者对再制造产品的偏好系数
η_r	制造商向零售商售出一单位再制造产品得到的利润率
C_b	回收质量不确定时的总回收成本
π_R	零售商利润
π_M	制造商利润
π	供应链总利润

本节中，首先分别在分散决策和集中决策两种情形下研究再制造的定价决策（在求得的最优决策中分别用 D、C 作为上标加以区分），然后将这两种情形得到的决策结果进行对比，并采用收益共享契约对供应链进行协调（协调后的最优决策用 RS 作为上标表示）。

2.2.1 模型假设

假设 1 产品仅能回收再制造一次。这样的产品有很多，例如手机、复印机和电脑等。

假设 2 虽然废旧产品回收质量不同，但经过再制造技术加工后，再制造产品的质量相同。其批发价格和零售价格无差异，只是再制造过程成本存在差异。

假设 3 制造商自身的生产能力充足，能够满足市场或零售商的需求。新产品和再制造产品的销售量即为市场需求量 D_n，D_r。

假设 4 上一期售出的新产品在报废时被回收后才能用于再制造过程，因此 $RD_n \geqslant D_r$。在本章中，由于设定了最低回收质量系数，因此认为回收的所有达到最低质量系数的废旧产品都能进行再制造，即 $RD_n = D_r$。

假设 5 供应链各成员（包括制造商与零售商）以追求自身利益最大化为目

标,是理性决策者。在整个供应链决策中,制造商作为领导者,零售商为追随者。

2.2.2　分散决策模型

2.2.2.1　零售商情形分析

零售商的利润体现为销售新产品和再制造产品的收入与付出成本(支付给制造商的批发价格)的差值,可以通过设置合适的零售价格 p_n,p_r 获得最大利润。

在考虑 WTP 差异的情况下,零售商的最优利润函数为:

$$\max_{p_n,p_r} \pi_R^D = (p_n - w_n)D_n + (p_r - w_r)D_r \tag{2.1}$$

$$s.t. \begin{cases} R \times D_n(p_n,p_r) \geqslant D_r(p_n,p_r) \\ D_n, D_r \geqslant 0 \end{cases}$$

在目标函数中,$(p_n - w_n)D_n$ 表示零售商通过销售新产品所获利润,$(p_r - w_r)D_r$ 表示零售商通过销售再制造品获得的利润。第一个约束条件是根据假设 4 得到,表示再制造品的生产量不超过上一阶段的废旧产品的回收量,因为再制造品是由回收品经过再制造过程得到的,第二个约束条件用以保证产销量非负。

零售商的最优利润函数方程,可表示为:

$$\max_{p_n,p_r} \pi_R = (p_n - w_n) \times \left(A - \frac{p_n - p_r}{1-\theta} \right) + (p_r - w_r) \times \left(\frac{p_n - p_r}{1-\theta} - \frac{p_r}{\theta} \right) \tag{2.2}$$

$$s.t. \begin{cases} R \times \left(A - \dfrac{p_n - p_r}{1-\theta} \right) \geqslant \dfrac{p_n - p_r}{1-\theta} - \dfrac{p_r}{\theta} \\[3mm] A - \dfrac{p_n - p_r}{1-\theta} \geqslant 0 \\[3mm] \dfrac{p_n - p_r}{1-\theta} - \dfrac{p_r}{\theta} \geqslant 0 \end{cases}$$

命题 1　当 $A\theta > w_r$,且 $\dfrac{RA\theta(1-\theta) + w_r(1+R\theta)}{\theta(1+R)} < w_n < A(1+R\theta) - w_r R$ 时,零售商的最优定价为:

$$p_n^{D*} = \frac{A[R^2\theta + 2R\theta + 1 + R^2\theta(1-\theta)] + w_n(R\theta+1) + w_r(R+R^2\theta)}{2(R^2\theta + 2R\theta + 1)} \tag{2.3}$$

$$p_r^{D*} = \frac{A\left[R^2\theta^2 + 3R\theta^2 + \theta(1-R)\right] + w_n(\theta + R\theta) + w_r(R^2\theta + R\theta)}{2(R^2\theta + 2R\theta + 1)}$$

$$(2.4)$$

并得到此定价下的最优需求量为:

$$D_n^{D*} = \frac{A(1+R\theta) - w_n - w_r R}{2(R^2\theta + 2R\theta + 1)} \tag{2.5}$$

$$D_r^{D*} = \frac{A(R + R^2\theta) - w_n R - w_r R^2}{2(R^2\theta + 2R\theta + 1)} \tag{2.6}$$

在消费者偏好系数确定时,批发价格需要满足一定的条件,零售商进入再制造市场才是有利可图的。零售商的最优新产品和再制造产品的零售价格依赖于制造商的批发价格定价决策,会随着新产品和再制造产品制定的批发价格的增加而增加。新产品的零售价格高于再制造产品,但市场需求量会随着批发价格的增加而减少。

2.2.2.2　制造商情形分析

在再制造供应链中,制造商的收入来源于向零售商销售新产品和销售再制造产品,所付出的成本包含生产新产品和生产再制造产品的生产成本以及回收废旧产品时付出的回收成本。制造商可以通过设置合适的批发价格 w_n, w_r 以及回收价格 b_i 以获得最大利润。

制造商的最优利润函数为:

$$\max_{w_n, w_r} \pi_M^D = (w_n - C_n)D_n + (w_r - C_r)D_r - C_b \tag{2.7}$$

制造商通过向零售商销售新产品和再制造产品获取利润,与此同时,制造商需要给予终端消费者价格补贴来获取废旧产品进行再制造。在目标函数中,$(w_n - C_n)D_n$ 表示制造商通过销售新产品所获利润,$(w_r - C_r)D_r$ 表示制造商通过销售再制造品所获利润,C_b 是制造商付出的废旧产品的回收成本。

通过整理后得到制造商的最优利润函数为:

$$\max_{w_n, w_r} \pi_M^D = \left[w_n - C_n + w_r R - C_r R - \left(\frac{w_r}{1+\eta_r} - z\right)^2 M + 2\left(\frac{w_r}{1+\eta_r} - z\right)N - H\right]$$
$$\times \frac{A(1+R\theta) - w_n - w_r R}{2(R^2\theta + 2R\theta + 1)}$$

其中,$R = \left(\frac{w_r}{1+\eta_r} - z\right) \times M - N$。

由于目标函数较为复杂,且回收率 R 是分母中也含有决策变量 w_r 的函数,在对决策变量求导函数时比较麻烦。因此,令 $B = w_r/(1+\eta_r) - z$,则回收率、

再制造产品批发价格均可表示为 B 的表达式:

$$R = BM - N, w_r = (B + z)(1 + \eta_r)$$

则制造商的利润函数的决策变量转变为 w_n 和 B,即是:

$$\max_{w_n, w_r} \pi_M^D = \{w_n - C_n + [(B + z)(1 + \eta_r) - C_r] \times (BM - N) - B^2 M + 2BN - H\}$$

$$\times \frac{A[(BM - N)\theta + 1] - w_n - (B + z)(1 + \eta_r)(BM - N)}{2[(BM - N)^2 \theta + 2(BM - N)\theta + 1]} \tag{2.8}$$

经过整理得到命题 2。

命题 2 当满足 $A\theta > w_r^{D*}$,并且 $\dfrac{R^{D*} A\theta(1 - \theta) + w_r^{D*}(1 + R\theta)}{\theta(1 + R^{D*})} < w_n^{D*} <$

$A(1 + R^{D*}\theta) - w_r^{D*} R^{D*}$ 时,制造商的最优新产品批发价格、再制造产品批发价格、回收价格定价分别为:

$$w_n^{D*} = \frac{A - [2(B^* + z)(1 + \eta_r) - (A\theta + C_r)](B^* M - N) + C_n + B^{*2} M - 2B^* N + H}{2}$$

$$\tag{2.9}$$

$$w_r^{D*} = (B^* + z)(1 + \eta_r) \tag{2.10}$$

$$b_i^{D*} = \frac{w_r^{D*}}{1 + \eta_r} - (1 + \beta)(1 - q_i)C_n - z = B^* - (1 + \beta)(1 - q_i)C_n \tag{2.11}$$

并得到回收率为:

$$R^{D*} = B^* M - N \tag{2.12}$$

其中:

$$B^* = \left\{ \left[\left(\frac{2 - AM\theta^2}{3M^2\theta} + Q_1 \right)^3 + \left(\frac{Q_2 - A\theta^2}{2M^2\theta} + Q_3 \right)^2 \right]^{\frac{1}{2}} + \frac{Q_2 - A\theta^2}{2M^2\theta} + Q_3 \right\}^{\frac{1}{3}} -$$

$$\frac{\dfrac{2 - AM\theta^2}{3M^2\theta} + Q_1}{\left\{ \left[\left(\dfrac{2 - AM\theta^2}{3M^2\theta} + Q_1 \right)^3 + \left(\dfrac{Q_2 - A\theta^2}{2M^2\theta} + Q_3 \right)^2 \right]^{\frac{1}{2}} + \dfrac{Q_2 - A\theta^2}{2M^2\theta} + Q_3 \right\}^{\frac{1}{3}}} + Q_4$$

$$\tag{2.13}$$

其中: $Q_1 = \dfrac{AM - HM + N^2 - 3 - M(C_n - C_r)}{3M^2}$,$Q_2 = \dfrac{-MC_r + 2}{M}$,$Q_3 =$

$\dfrac{MC_r - 2 + AM}{2M^3}$,$Q_4 = \dfrac{N-1}{M}$。由式子(2.13)可知,$B^*$ 与 θ 有关,与 η_r 无关。

采用逆向归纳法,将命题 2 求出的制造商制定的最优新产品、再制造产品的批发价格定价决策和回收率,代入命题 1 中零售商的最优决策中,就可以得到新产品、再制造产品的最优零售价格及需求量,并求出制造商和零售商的最优利润。将分散决策时供应链各成员的最优决策以及最大利润汇总为表2.2。

表 2.2　回收价格随回收质量改变模型的分散情形下最优决策

决策变量	最优决策
w_n^{D*}	$\dfrac{A-[2(B^*+z)(1+\eta_r)-(A\theta+C_r)](B^*M-N)+C_n+B^{*2}M-2B^*N+H}{2}$
w_r^{D*}	$(B^*+z)\times(1+\eta_r)$
b_i^{D*}	$B^*-(1+\beta)(1-q_i)C_n$
R^{D*}	B^*M-N
p_n^{D*}	$\dfrac{A}{2}+\dfrac{2A(B^*M-N)^2\theta(1-\theta)+[MB^{*2}+(A\theta+C_r)(B^*M-N)-2B^*N+A+C_n+H]\times[1+(B^*M-N)\theta]}{4[(B^*M-N)^2\theta+2(B^*M-N)\theta+1]}$
p_r^{D*}	$\dfrac{A\theta}{2}+\dfrac{2A(B^*M-N)\theta(\theta-1)+[MB^{*2}+(A\theta+C_r)(B^*M-N)-2B^*N+A+C_n+H]\times(1+B^*M-N)\theta}{4[(B^*M-N)^2\theta+2(B^*M-N)\theta+1]}$
D_n^{D*}	$\dfrac{-MB^{*2}+(A\theta-C_r)(B^*M-N)+2B^*N+A-C_n-H}{4[(B^*M-N)^2\theta+2(B^*M-N)\theta+1]}$
D_r^{D*}	$\dfrac{[-MB^{*2}+(A\theta-C_r)(B^*M-N)+2B^*N+A-C_n-H]\times(B^*M-N)}{4[(B^*M-N)^2\theta+2(B^*M-N)\theta+1]}$
π_R^{D*}	$\dfrac{[-MB^{*2}+(A\theta-C_r)(B^*M-N)+2B^*N+A-C_n-H]^2}{16[(B^*M-N)^2\theta+2(B^*M-N)\theta+1]}$
π_M^{D*}	$\dfrac{[-MB^{*2}+(A\theta-C_r)(B^*M-N)+2B^*N+A-C_n-H]^2}{8[(B^*M-N)^2\theta+2(B^*M-N)\theta+1]}$
π^{D*}	$\dfrac{3[-MB^{*2}+(A\theta-C_r)(B^*M-N)+2B^*N+A-C_n-H]^2}{16[(B^*M-N)^2\theta+2(B^*M-N)\theta+1]}$

2.2.3　集中决策模型

2.2.3.1　集中决策模型构建与分析

将制造商与零售商看作一个整体并进行统一决策,这种决策即为集中决策构建模型。这个整体通过销售新产品和再制造产品获得利润,可以通过设置合适的零售价格 p_n,p_r 获得最大利润。此时整体的最优利润函数为:

$$\max_{p_n,p_r}\pi^C=(p_n-C_n)D_n+(p_r-C_r)D_r-C_b \qquad (2.14)$$

$$s.t.\begin{cases} R\times D_n(p_n,p_r)\geqslant D_r(p_n,p_r) \\ D_n,D_r>0 \end{cases}$$

供应链整体通过销售新产品和再制造产品获取利润,与此同时,需要给予终端消费者价格补贴来获取废旧产品进行再制造。在目标函数中,$(p_n-C_n)D_n$ 和 $(p_r-C_r)D_r$ 分别表示供应链整体通过销售新产品和再制造品获得的利润,C_b 是制造商付出的废旧产品的回收成本。

通过整理后得到供应链整体的最优总利润函数为：

$$\max_{p_n,p_r}\pi^C = \left[p_n - C_n - MB^2 - 2BN - H\right] \times \left(A - \frac{p_n - p_r}{1-\theta}\right)$$
$$+ (p_r - C_r) \times \left(\frac{p_n - p_r}{1-\theta} - \frac{p_r}{\theta}\right) \tag{2.15}$$

$$s.t. \begin{cases} (BM - N) \times \left(A - \dfrac{p_n - p_r}{1-\theta}\right) \geqslant \dfrac{p_n - p_r}{1-\theta} - \dfrac{p_r}{\theta} \\[2mm] A - \dfrac{p_n - p_r}{1-\theta} \geqslant 0 \\[2mm] \dfrac{p_n - p_r}{1-\theta} - \dfrac{p_r}{\theta} \geqslant 0 \end{cases}$$

经过整理得到命题 3。

命题 3　当满足 $A\theta > C_r$，且 $\dfrac{A(B^*M-N)\theta(1-\theta) + C_r\left[1 + (B^*M-N)\theta\right]}{(1+B^*M-N)\theta}$

$< C_n + B^{*2}M - 2B^*N + H < A\left[1 + (B^*M-N)\theta\right] - C_r(B^*M-N)$ 时，
可以得到供应链整体的最优定价决策和回收价格：

$$p_n^{C*} = \frac{A}{2} + \frac{A(B^*M-N)^2\theta(1-\theta) + \left[MB^{*2} + C_r(B^*M-N) - 2B^*N + C_n + H\right] \times \left[1 + (B^*M-N)\theta\right]}{2\left[(B^*M-N)^2\theta + 2(B^*M-N)\theta + 1\right]}$$
$$\tag{2.16}$$

$$p_r^{C*} = \frac{A\theta}{2} + \frac{A(B^*M-N)\theta(\theta-1) + \left[MB^{*2} + C_r(B^*M-N) - 2B^*N + C_n + H\right] \times \left[1 + (B^*M-N)\right]\theta}{2\left[(B^*M-N)^2\theta + 2(B^*M-N)\theta + 1\right]}$$
$$\tag{2.17}$$

$$b_i^* = B^* - (1+\beta)(1-q_i)C_n \tag{2.18}$$

并得到集中决策时供应链整体的利润为：

$$\pi^{C*} = \frac{\left[-MB^{*2} + (A\theta - C_r)(B^*M-N) + 2B^*N + A - C_n - H\right]^2}{4\left[(B^*M-N)^2\theta + 2(B^*M-N)\theta + 1\right]}$$
$$\tag{2.19}$$

通过比较分散决策与集中决策的最优利润，可以发现：

$$\pi_R^{D*} = \frac{\left[-MB^{*2} + (A\theta - C_r)(B^*M-N) + 2B^*N + A - C_n - H\right]^2}{16\left[(B^*M-N)^2\theta + 2(B^*M-N)\theta + 1\right]} = 0.25\pi^{C*}$$
$$\tag{2.20}$$

$$\pi_M^{D*} = \frac{\left[-MB^{*2} + (A\theta - C_r)(B^*M-N) + 2B^*N + A - C_n - H\right]^2}{8\left[(B^*M-N)^2\theta + 2(B^*M-N)\theta + 1\right]} = 0.5\pi^{C*}$$
$$\tag{2.21}$$

$$\pi^{D*} = \pi_R^{D*} + \pi_M^{D*} = 0.25\pi^{C*} + 0.5\pi^{C*} = 0.75\pi^{C*} < \pi^{C*} \tag{2.22}$$

由此可以看出，分散决策下得到的制造商与零售商的总利润小于集中决策下的总利润,说明在制造商与零售商分别以自身利益最大进行分散决策时会产生双重边际化效应,造成整体利润的损失,使得供应链效益没有达到最大。

除此之外,对比两种情况下的最优决策还会发现求解出的 B^* 是相同的,从而得到再制造产品的批发价格在分散决策与集中决策时是相同的。

2.2.3.2　回收价格随回收质量改变的再制造供应链协调

通过对集中决策与分散决策总利润的对比分析可知,分散决策下供应链各成员(制造商与零售商)的总利润还未达到最优。下面通过引入收益共享契约促使各成员的利润总和达到集中决策下的水平。

设定收益共享比例为 φ,$0<\varphi<1$,即在新产品与再制造产品销售后,零售商获得总销售收入的 φ 部分比例,并将总销售收入的 $1-\varphi$ 部分比例分配给制造商。

在收益共享契约下,零售商的利润函数模型表示为:

$$\max_{p_n,p_r}\pi_R^{RS}=\varphi(p_nD_n+p_rD_r)-(w_nD_n+w_rD_r)$$

$$=\left(A-\frac{p_n-p_r}{1-\theta}\right)$$

$$(\varphi p_n-w_n)+\left(\frac{p_n-p_r}{1-\theta}-\frac{p_r}{\theta}\right)\left[\varphi p_r-w_r\right] \quad (2.23)$$

$$s.t.\begin{cases} R\times\left(A-\dfrac{p_n-p_r}{1-\theta}\right)\geqslant\dfrac{p_n-p_r}{1-\theta}-\dfrac{p_r}{\theta} \\[2mm] A-\dfrac{p_n-p_r}{1-\theta}\geqslant 0 \\[2mm] \dfrac{p_n-p_r}{1-\theta}-\dfrac{p_r}{\theta}\geqslant 0 \end{cases}$$

制造商的利润函数表示为:

$$\max_{w_n,w_r}\pi_M^{RS}=(1-\varphi)(p_nD_n+p_rD_r)+(w_n-C_n)D_n+(w_r-C_r)D_r-C_b$$

$$(2.24)$$

经过整理得到命题 4。

命题 4　当 $T_1=A\varphi\theta-(B^*+z)(1+\eta_r)>0$,

$T_2=\varphi\left[MB^{*2}-2B^*N+H+C_n+C_r(B^*M-N)\right](1+B^*M-N)\theta-(B^*M-N)A\theta\varphi(1-\theta)-(B^*+z)(1+\eta_r)\left[1+(B^*M-N)(1+\theta)\right]>0$,

且 $T_3=\varphi\{A\left[1+(B^*M-N)\theta\right]-\left[C_n+B^{*2}M-2B^*N+H+C_r(B^*M-N)\right]\}>0$ 时,收益共享契约下的最优零售价格为:

$$p_n^{RS*} = \frac{A\left[R^2\theta + 2R\theta + 1 + R^2\theta(1-\theta)\right]}{2(R^2\theta + 2R\theta + 1)} + \frac{(w_n + w_r R)(R\theta + 1)}{2\varphi(R^2\theta + 2R\theta + 1)}$$

$$(2.25)$$

$$p_r^{RS*} = \frac{A\left[R^2\theta^2 + 3R\theta^2 + \theta(1-R)\right]}{2(R^2\theta + 2R\theta + 1)} + \frac{(w_n + w_r R)(1+R)\theta}{2\varphi(R^2\theta + 2R\theta + 1)} \quad (2.26)$$

当收益共享契约情形下的最优零售价格与集中决策下的最优零售价格相等时,再制造供应链整体的利润水平可以达到在集中决策下的利润水平,也即是:$p_n^{RS*} = p_n^{C*}$,$p_r^{RS*} = p_r^{C*}$。

由于分散决策与集中决策的 B^* 相同,所以再制造产品的批发价格就为 $w_r^{RS*} = (B^* + z)(1+\eta_r)$,回收率为 $R^{RS*} = B^*M - N$,通过对比收益共享契约与分散决策下的新产品与再制造产品的零售价格表达式,可以得到协调机制下的新产品的批发价格为:

$$w_n^{RS*} = \varphi\left[MB^{*2} - 2B^*N + H + C_n + C_r(B^*M - N)\right]$$
$$- (B^* + z)(1+\eta_r)(B^*M - N) \quad (2.27)$$

将新产品与再制造产品的批发价格与零售价格代入零售商与制造商的利润函数中,可以得到收益共享契约下零售商与制造商的利润。

$$\pi_R^{RS} = \frac{\varphi\left[-MB^{*2} + (A\theta - C_r)(B^*M - N) + 2B^*N + A - C_n - H\right]^2}{4\left[(B^*M - N)^2\theta + 2(B^*M - N)\theta + 1\right]} = \varphi\pi^{C*}$$

$$(2.28)$$

$$\pi_M^{RS} = \frac{(1-\varphi)\left[-MB^{*2} + (A\theta - C_r)(B^*M - N) + 2B^*N + A - C_n - H\right]^2}{4\left[(B^*M - N)^2\theta + 2(B^*M - N)\theta + 1\right]}$$
$$= (1-\varphi)\pi^{C*} \quad (2.29)$$

则有:$\pi^{RS*} = \pi_R^{RS*} + \pi_M^{RS*} = \varphi\pi^{C*} + (1-\varphi)\pi^{C*} = \pi^{C*} > \pi^{D*}$,在收益共享契约下,只有当各成员的利益都得到提高,也即是都不小于分散决策时的收益水平,且总利润也增加时,供应链才能够协调。因此,为使供应链协调,还应该满足 $\pi_R^{RS*} > \pi_R^{D*}$,$\pi_M^{RS*} > \pi_M^{D*}$,可以得到:

$$\begin{cases} \varphi\pi^{C*} \geqslant 0.25\pi^{C*} \\ (1-\varphi)\pi^{C*} \geqslant 0.5\pi^{C*} \end{cases}$$

则 $0.25 \leqslant \varphi \leqslant 0.5$。将收益共享契约下的再制造最优决策整理为表 2.3。通过对比分散决策与收益共享契约下的再制造供应链决策(表 2.2 和表 2.3)可以发现:与分散决策相比,对于制造商来说,在收益共享契约下可以保持其制定的再制造产品批发价格与回收价格不变,因而回收率也不发生变化,但新产品的批发价格降低了。与此同时,会带来新产品和再制造产品的产销量增加,制造商可获得销售总收入的部分比例,并最终使得利润增加。对于零售商来说,从制造商处购买新产品的成本(批发价)降低,并在提高新产品和再制造产品零售价格的同时,产销量也得以提升,获得的利润也增加。由此看来,通过引入收益共享契约协调供应链各成员之间的决策,可以提高各成员的利润以及整体收益水平。

表 2.3　回收价格随回收质量改变模型的收益共享契约下最优决策

决策变量	最优决策
w_n^{RS*}	$\varphi[MB^{*2}-2B^*N+H+C_n+C_r(B^*M-N)]-(B^*+z)(1+\eta_r)(B^*M-N)$
w_r^{RS*}	$(B^*+z)\times(1+\eta_r)$
b_i^{RS*}	$B^*-(1+\beta)(1-q_i)C_n$
R^{RS*}	B^*M-N
p_n^{RS*}	$\dfrac{A}{2}+\dfrac{A(B^*M-N)^2\theta(1-\theta)+[MB^{*2}+C_r(B^*M-N)-2B^*N+C_n+H]\times[1+(B^*M-N)\theta]}{2[(B^*M-N)^2\theta+2(B^*M-N)\theta+1]}$
p_r^{RS*}	$\dfrac{A\theta}{2}+\dfrac{A(B^*M-N)\theta(\theta-1)+[MB^{*2}+C_r(B^*M-N)-2B^*N+C_n+H]\times[1+(B^*M-N)]\theta}{2[(B^*M-N)^2\theta+2(B^*M-N)\theta+1]}$
D_n^{RS*}	$\dfrac{A[1+(B^*M-N)\theta]-MB^{*2}+2B^*N-H-C_n-C_r(B^*M-N)}{2[(B^*M-N)^2\theta+2(B^*M-N)\theta+1]}$
D_r^{RS*}	$\dfrac{\{A[1+(B^*M-N)\theta]-MB^{*2}+2B^*N-H-C_n-C_r(B^*M-N)\}\times(B^*M-N)}{2[(B^*M-N)^2\theta+2(B^*M-N)\theta+1]}$
π_R^{RS*}	$\dfrac{\varphi[-MB^{*2}+(A\theta-C_r)(B^*M-N)+2B^*N+A-C_n-H]^2}{4[(B^*M-N)^2\theta+2(B^*M-N)\theta+1]}$
π_M^{RS*}	$\dfrac{(1-\varphi)[-MB^{*2}+(A\theta-C_r)(B^*M-N)+2B^*N+A-C_n-H]^2}{4[(B^*M-N)^2\theta+2(B^*M-N)\theta+1]}$
π^{RS*}	$\dfrac{[-MB^{*2}+(A\theta-C_r)(B^*M-N)+2B^*N+A-C_n-H]^2}{4[(B^*M-N)^2\theta+2(B^*M-N)\theta+1]}$

2.2.4　算例分析

参照某电子产品制造商研究的实例数据,以及质量系数服从均匀分布的假设,本章在此基础上假设 $\beta=0.2,z=7,q_i\sim U[0.5,1],f(q_i)=2,r_{max}=0.6$。具体参数设置如表 2.4 所示。

表 2.4　数值算例参数

参数	值	单位	符号	计算值
A	200	台	q_{min}	0.4531
C_n	18	元/台	C_r	12.4
β	0.2	—	M	0.2226
z	7	元/台	N	1.8489
r_{max}	0.6	—	H	17.0982

以表 2.2 和表 2.3 的结果为基础,分析分散决策和收益共享契约下的制造商售出单位再制造品的利润率 η_r 和收益共享比例 φ 对再制造决策的影响。由已经求解出的最优决策表达式可以看出,η_r 只对制造商的批发价格定价决策产生影响,对零售商决策无影响,在进行 η_r 的灵敏性分析时,设定参数 $\theta=0.85$,φ $=0.45$;在进行 φ 的灵敏性分析时,设定参数 $\eta_r=0.5$,$\theta=0.85$。相关结果见表 2.5 和表 2.6。

表 2.5　回收价格随回收质量改变模型的参数 η_r 的灵敏度分析

η_r	w_n^{D*}	w_r^{D*}	w_n^{RS*}	w_r^{RS*}
0.1	120.6712	17.5581	8.2602	17.5581
0.3	120.2051	20.7504	7.7940	20.7504
0.5	119.7389	23.9428	7.3279	23.9428
0.7	119.2728	27.1352	6.8618	27.1352
0.9	118.8067	30.3276	6.3957	30.3276

由表 2.5 可以看出,随着制造商制定的单位再制造品利润率 η_r 增加,最优再制造品的批发价格会上涨,而最优新产品的批发价格下降,并且在分散决策时再制造品批发价格的上涨速率大于新产品批发价格的下降速率。因此,随着 η_r 的增加,新产品与再制造产品批发价格差额缩小。这说明当制造商想获得更多的再制造利润,在提高再制造品批发价格的同时,还需要降低新产品的批发价格,且再制造品批发价格的上涨幅度应该大于新产品批发价格的下降幅度。在制定新产品批发价格时,带有收益共享契约协调时的最优决策量小于分散决策,协调时的批发价格,甚至低于生产成本,而再制造产品批发价格保持不变,随着 η_r 的增加,制造商让渡给零售商更多的新产品批发价格的同时,也会提高再制造产品的批发价格。

表 2.6　回收价格随回收质量改变模型的参数 φ 的灵敏度分析

φ	w_n^{RS*}	w_r^{RS*}	p_n^{RS*}	p_r^{RS*}	D_n^{RS*}	D_r^{RS*}	R_r^{RS*}	π_R^{RS*}	π_M^{RS*}
0.25	1.9	23.9	109.8	91.9	80	12	14.6%	2037.3	6112.1
0.3	3.0	23.9	109.8	91.9	80	12	14.6%	2444.8	5704.6
0.35	4.1	23.9	109.8	91.9	80	12	14.6%	2852.3	5297.1
0.4	5.2	23.9	109.8	91.9	80	12	14.6%	3259.7	4889.7
0.45	6.2	23.9	109.8	91.9	80	12	14.6%	3667.2	4482.2
0.5	7.3	23.9	109.8	91.9	80	12	14.6%	4074.7	4074.7

由表 2.6 可以看出,在收益共享契约下,新产品零售价格、再制造品批发价格和零售价格、产销量、回收率都不受收益共享比例 φ 改变的影响。而随着 φ 的增加,也即是零售商的收入占比部分增加时,制造商会提高新产品的批发价格(但批发价格依然很低),最终零售商的利润增加,制造商的利润减少。

下面探究消费者对再制造产品偏好系数 θ 对供应链各成员价格决策的影响。

由命题 4 可知,参数之间需要满足: $T_1>0,T_2>0,T_3>0$ 且回收率 $R>0$。图 2.2 反映了 T_1,T_2,T_3 与参数的关系, T_1,T_2 与 η_r,θ 相关, T_3,R 与 θ 相关,与 η_r 无关,且为保证 B^* 不存在虚根,此时 $\theta\leqslant0.96$。

由图 2.2 中 $T_1(\theta,\eta_r)$ 可以看出,只有当 $\theta\geqslant0.18$ 时,才有存在的 η_r 满足 $T_1>0$。这是因为当消费者不信任再制造产品,即对再制造品的购买偏好过低时,生产再制造品对制造商无利可图,制造商此时选择放弃再制造品市场,只生产新产品。

当 $\theta\geqslant0.38$ 时, η_r 可以取 $(0,1)$ 之间的任意数。当 $0.1\leqslant\theta\leqslant0.24$ 时, η_r 的取值有限制,当消费者不足够信任再制造产品,即对再制造品的购买偏好比较低时,再制造产品的定价不能太高,因此再制造品的单位利润率不能太高,最终确定 $\theta\geqslant0.18$。

同样地,由图 $T_2(\theta,\eta_r)$ 可知,当 $\theta\geqslant0.1$ 时, $T_2>0$。由图 $T_3(\theta)$ 可知,当 $\theta\in[0,0.96]$ 时,满足 $T_3>0$。由图 $R(\theta)$ 可看出,回收率随 θ 的增加而增加,当 $\theta\geqslant0.63$ 时,满足 $R>0$。综上所述,为保证制造商进行再制造有利可图,即利润大于不进行再制造的利润,则 $0.63\leqslant\theta\leqslant0.96$。下面考虑 θ 对供应链各成员决策的影响,设定参数 $\eta_r=0.5,\varphi=0.45$。

消费者偏好系数 θ 对制造商批发价格决策的影响如图 2.3 所示。左侧图表示在分散决策和收益共享契约下 θ 变动对新产品批发价的影响,由于再制造产品的批发价在两种情形下是相同的,因此不做对比分析。右侧图表示收益共享契约下 θ 对新产品与再制造产品批发价格的影响。由图可以看出,在分散决策时,制造商以自身利益最大化为出发点,随着消费者对再制造产品的接受程度 θ 的增加,制定的最优新产品和再制造产品批发价格会提高,再制造产品由于被认可,因此价格提高,而单位再制造产品的制造成本远远小于新产品成本,因此在再制造产品批发价格提高的同时,制造商会提高新产品的批发价格以增加新产品销售利润。而在收益共享契约下,制造商让渡新产品的批发价格给零售商以获得更多的生产订单,使得新产品的批发价格低于再制造产品。随着再制造产品被认可程度 θ 的增加,制造商考虑获得更多的再制造利润,会降低新产品的批发价格。

回收价格受 θ 的影响如图 2.4 中 $b_i(\theta)$ 所示,取 $q_i=0.7$。由图 2.4 可知,回

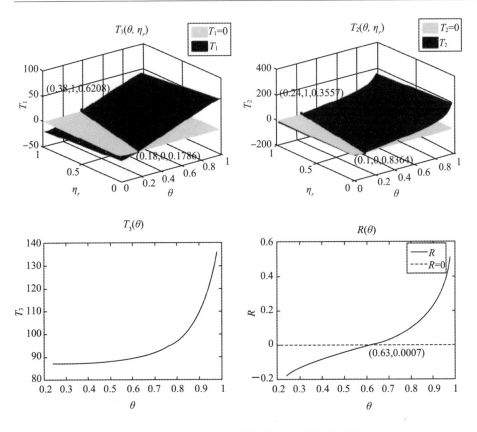

图 2.2　T_1, T_2, T_3, R 随参数 η_r, θ 的变化关系

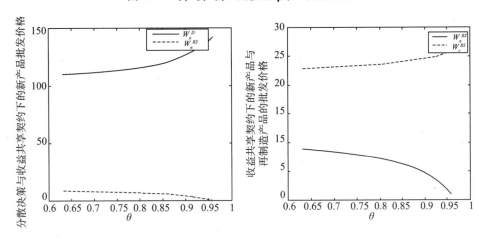

图 2.3　回收价格随回收质量改变模型中 θ 变动对产品批发价格的影响

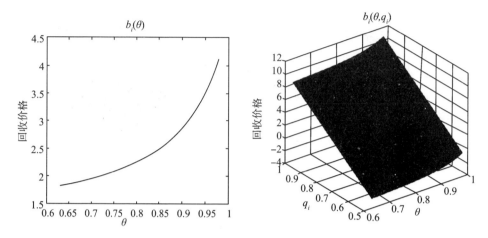

图 2.4　回收价格随回收质量改变模型中 θ 变动对回收价格的影响

收价格随 θ 的增加而增加,且增长速率不断增大。这是因为随着再制造产品被认可程度 θ 的增加,再制造产品的需求量会增加,因此制造商需要更多的回收品来投入再制造,当制造商提高回收价格补贴时,终端消费者回收废旧产品的意愿就更大,制造商便可获得更多的再制造旧件。$b_i(\theta,q_i)$ 反映了制造商的最优回收价格同时受消费者偏好程度 θ 以及废旧产品的质量系数 q_i 的影响。由图可知,回收质量系数越大的产品,回收价格越高。这是因为质量系数越大的废旧产品,其损坏程度越小,可再制造程度越高,需要购买的替换新物料越少,因此可给予终端消费者更高的回收价格补贴。

图 2.5 和图 2.6 的左侧图分别表示在分散决策和收益共享契约下 θ 变动对新产品零售价格和需求量的影响,右侧图分别表示在分散决策和收益共享契约下 θ 变动对再制造产品零售价格和需求量的影响。随着 θ 的增加,再制造产品制定的零售价格不断提高,新产品零售价格降低(但变化幅度不大)。这是因为消费者信任再制造产品,认为其质量和性能已经接近于新产品,支付意愿也接近于新产品,再制造产品零售价格也接近于新产品,且随着 θ 的增加,新产品市场需求量减少,而再制造产品市场需求量增加。除此之外,在收益共享契约下,新产品与再制造产品的最优零售价格都低于分散决策,价格低则可以获得更多的需求,因此收益共享契约下的需求量远高于分散决策。

收益共享契约下的制造商与零售商的最大利润都会比分散决策时高,这里分析在收益共享契约下的 θ 变动分别对制造商与零售商利润的影响。图 2.7 中左侧图反映各成员利润受消费者偏好系数的影响,右侧图反映各成员分别在新产品和再制造产品上获取的利润。从图中可以看出,随着 θ 的增加,制造商和零

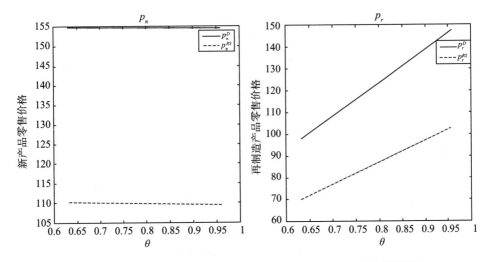

图 2.5　回收价格随回收质量改变模型中 θ 变动对产品零售价格的影响

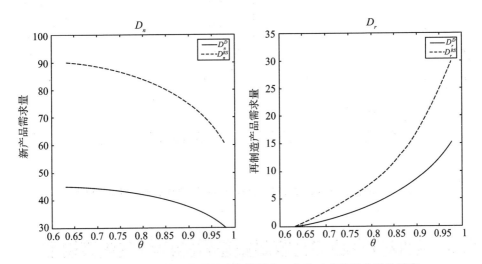

图 2.6　回收价格随回收质量改变模型中 θ 变动对产品需求量的影响

售商的利润都会增加,制造商和零售商获得的利润大部分来自新产品,但新产品的利润随着 θ 的增加而减少,而再制造产品的利润随着 θ 的增加而增加。这是因为当再制造产品被认可程度 θ 逐渐增加时,消费者在购买再制造产品时能承受的支付意愿逐渐接近于新产品。此时,再制造产品由于价格低于新产品,对价格偏好的消费者更多选择再制造产品,导致消费者对再制造产品需求变大,且单位再制造产品的利润增加,进而导致再制造产品利润显著。

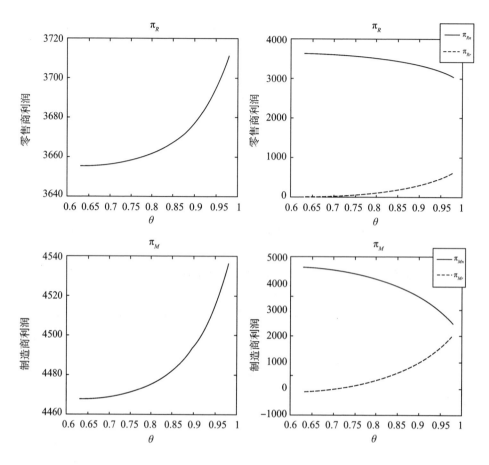

图 2.7 回收价格随回收质量改变模型中 θ 变动对各成员利润的影响

2.3 回收价格面向回收质量差异的再制造决策模型

制造商为了便利,有时在回收时不进行质量评估,用相同的价格回收废旧产品。例如,打印机的墨盒回收时主要是根据型号来决定其回收价格,对于同一型号的墨盒,回收时不考虑其使用程度和损耗程度,都采用相同的回收价格。本节考虑的供应链成员结构与第 2 节相同,建立由单个制造商、零售商和消费者组成的再制造供应链,在 Stackelberg 博弈模型中,制造商作为领导者,如图 2.8 所示。本节依然考虑购买新产品与再制造产品具有 WTP 差异和回收质量差异,回收质量不同导致制造商用回收品投入到再制造的过程成本不同。制造商考虑到在回收时进行质量评估的难度以及成本,在回收时不进行质量评估,用相同的价格回收废旧产品,即回收价格只与回收数量有关,而与质量无关,但回收价格的制定仍然是关键,回收价格会对回收数量(也即是回收率)产生影响。本节研究方法与第 2 节相同,先在分散决策下采用逆向归纳法得到制造商与零售商的最优定价决策,再考虑集中决策下的供应链总利润,并通过收益共享契约促使各成员的收益提高。

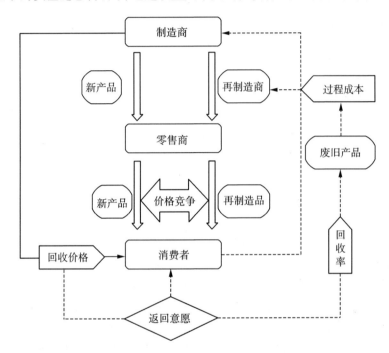

图 2.8　回收价格面向质量差异而统一制定的再制造供应链结构模型

为方便建模,引入变量,模型相关符号及定义见表 2.7。

表 2.7　回收价格面向质量差异而统一制定模型的变量及符号说明

符号	定义
p_n	新产品的单位零售价格(零售商决策变量)
p_r	再制造产品的单位零售价格(零售商决策变量)
D_n	新产品的市场需求量
D_r	再制造产品的市场需求量
w_n	新产品的单位批发价格(制造商决策变量)
w_r	再制造产品的单位批发价格(制造商决策变量)

续表

符号	定义
b	回收价格补贴(制造商决策变量)
R	回收质量不确定时的回收率期望值
θ	消费者对再制造产品的偏好系数
C_b	回收质量不确定时的总回收成本
π_R	零售商利润
π_M	制造商利润
π	供应链总利润

本章中依然在最优决策中使用 D,C,RS 作为上标分别表示分散决策、集中决策和通过收益共享契约协调的定价及收益水平。

2.3.1 模型假设

本节的假设与第 2 节的假设相同,只是考虑回收价格不随回收质量改变而是统一制定,因此对回收过程中的参数做如下假设说明:

假设 6 回收价格 b 是统一的,与回收质量无关。

现在的回收方式分为线下回收和线上回收。制造商采用线下回收时,对废旧产品的质量确定需要经过一系列环节,质量评估困难且评估成本比较大,因此在回收时往往不进行质量评估,都是统一回收;而线上回收只有待废旧产品回收到回收商处进行质量评估后才能给出最终确定的回收价格,对于部分用户来说,存在回收产品不能恢复原状的风险,回收意愿不高。在本节中考虑的回收价格是制造商统一制定的,与回收质量无关。第 2 节为体现回收价格随废旧产品的质量系数 q_i 不同而不同,设置了制造商销售每单位的再制造产品的利润率 η_r,使得销售每单位的再制造产品可获得同样的利润,此外,在第 2 节中,我们发现,η_r 对制造商和供应商的收益水平不产生影响,而在本节中,由于回收价格 b 是统一制定的,因此不设置参数 η_r。

假设 7 回收率 $r_i = (r_{\max} - r_{\min})(b_i - b_{i\min})/(b_{i\max} - b_{i\min}) + r_{\min}$

对于废旧产品的回收,假设设定的最低回收价格 $b_{i\min} = 0$,即免费回收,此时,在没有补偿的情况下,消费者不会主动也不愿意将不再使用的产品回收于制造商处,所以最低回收率 $r_{i\min} = 0$。在第 2 节中,对于质量系数为 q_i 的废旧产品,其最高回收价格为 $b_{i\max} = C_n - C_{ri} = C_n - (1+\beta)(1-q_i)C_n - z =$

$(1+\beta)q_iC_n-\beta C_n-z$，回收质量越高，回收价格越高，最高的回收质量系数为 1 时的回收价格为 $b_{i\max}=C_n-z$。假设将回收质量系数为 1 时的回收价格 $b_{\max}$ 设为最高回收价格，且所有用户都愿意将废旧产品以这个最高标准回收，即 $r_{\max}=1$，则制造商在回收价格设定为 b 时的回收率 R 可以表示为：

$$R=\frac{1-0}{C_n-z-0}\times(b-0)+0=\frac{b}{C_n-z} \tag{2.30}$$

假设 8　回收成本是回收数量与回收价格的乘积，回收数量表示为上一期新产品的生产量 D_n 与回收率 R 的乘积，所以回收成本 C_b 表示为：

$$C_b=D_n\times R\times b=\frac{b^2}{C_n-z}D_n \tag{2.31}$$

2.3.2　分散决策模型

2.3.2.1　零售商情形分析

零售商从制造商处以批发价格 w_n,w_r 获得新产品和再制造产品，并以零售价格 p_n,p_r 出售给消费者，决策变量为 p_n,p_r。同时采用 WTP 差异下的需求函数 D_n,D_r，得到其利润函数方程，表示为：

$$\max_{p_n,p_r}\pi_R^D=(p_n-w_n)D_n+(p_r-w_r)D_r \tag{2.32}$$

$$s.t.\begin{cases}R\times D_n(p_n,p_r)\geqslant D_r(p_n,p_r)\\ D_n,D_r\geqslant 0\end{cases}$$

式子(2.32)中零售商的利润由两部分构成，$(p_n-w_n)D_n$ 表示零售商通过销售新产品获得的利润，$(p_r-w_r)D_r$ 表示零售商通过销售再制造品获得的利润。再制造品是由回收品经过再制造过程得到的，第一个约束条件表示再制造品的生产量不超过上一阶段的废旧产品的回收量，第二个约束条件用以保证产销量非负。

零售商的最优利润函数为：

$$\max_{p_n,p_r}\pi_R^D=(p_n-w_n)\times\left(A-\frac{p_n-p_r}{1-\theta}\right)+(p_r-w_r)\times\left(\frac{p_n-p_r}{1-\theta}-\frac{p_r}{\theta}\right) \tag{2.33}$$

$$s.t.\begin{cases}\dfrac{b}{C_n-z}\times\left(A-\dfrac{p_n-p_r}{1-\theta}\right)\geqslant\dfrac{p_n-p_r}{1-\theta}-\dfrac{p_r}{\theta}\\[2mm] A-\dfrac{p_n-p_r}{1-\theta}\geqslant 0\\[2mm] \dfrac{p_n-p_r}{1-\theta}-\dfrac{p_r}{\theta}\geqslant 0\end{cases}$$

得到零售商的最优零售价格定价,经过整理得到命题 5。

命题 5 当 $A\theta > w_r$,且 $\dfrac{Ab\theta(1-\theta)+w_r[C_n-z+b\theta]}{(C_n-z)\theta+b\theta} < w_n < $

$\dfrac{A(C_n-z+b\theta)-w_r b}{C_n-z}$ 时,零售商的最优定价为:

$$p_n^{D*} = \frac{A}{2} + \frac{Ab^2\theta(1-\theta)+w_n[(C_n-z)^2+(C_n-z)b\theta]+w_r[(C_n-z)b+b^2\theta]}{2[(C_n-z)^2+2(C_n-z)b\theta+b^2\theta]}$$

(2.34)

$$p_r^{D*} = \frac{A\theta}{2} + \frac{A(C_n-z)b\theta(\theta-1)+w_n[(C_n-z)^2\theta+(C_n-z)b\theta]+w_r[(C_n-z)b\theta+b^2\theta]}{2[(C_n-z)^2+2(C_n-z)b\theta+b^2\theta]}$$

(2.35)

并得到此定价下的最优需求量为:

$$D_n^{D*} = \frac{A[(C_n-z)^2+(C_n-z)b\theta]-w_n(C_n-z)^2-w_r(C_n-z)b}{2[(C_n-z)^2+2(C_n-z)b\theta+b^2\theta]}$$

(2.36)

$$D_r^{D*} = \frac{A[(C_n-z)b+b^2\theta]-w_n(C_n-z)b-w_r b^2}{2[(C_n-z)^2+2(C_n-z)b\theta+b^2\theta]}$$

(2.37)

只有当批发价格与消费者偏好系数满足一定的条件时,零售商才会进入再制造市场。零售商的最优新产品和再制造品的零售价格依赖于制造商的批发价格和回收价格定价决策,随着新产品和再制造品制定的批发价格的增加而增加,且新产品制定的零售价格高于再制造品,但市场需求量会随着批发价格的增加而减少。

2.3.2.2 制造商情形分析

制造商在生产新产品的同时还进行再制造,且独立回收废旧产品,利用回收品作为原材料投入再制造,然后将新产品与再制造产品以一定的批发价格出售给零售商,并在回收时给予参与回收活动的消费者合适的回收价格补贴,付出回收成本。在此过程中,制造商通过设置合适的批发价格 w_n, w_r 和回收价格 b 以获得最大利润。

制造商的最优利润函数为:

$$\max_{w_n, w_r, b} \pi_M^D = (w_n-C_n)D_n + (w_r-C_r)D_r - C_b$$

$$= \left[w_n - C_n - \frac{b^2}{C_n-z} + (w_r-C_r)\frac{b}{c_n-z}\right]$$

$$\times \frac{A[(C_n-z)^2+(C_n-z)b\theta]-w_n(C_n-z)^2-w_r(C_n-z)b}{2[(C_n-z)^2+2(C_n-z)b\theta+b^2\theta]} \quad (2.38)$$

目标函数的第一部分表示制造商通过销售新产品获得的利润,第二部分表示制造商通过销售再制造品获得的利润,第三部分是制造商付出的回收废旧产品的回收成本。由式子(2.38)可以得到制造商的最优批发价格和回收价格定价决策,经过整理得到命题 6。

命题 6　当满足 $A\theta - w_n^{D*} > 0$,$-Ab\theta(1-\theta) + (w_n^*\theta - w_r)(C_n - z) +$ $w_n^* b\theta - w_r b\theta > 0$,$A(C_n - z + b\theta) - C_n(C_n - z) - b^2 - C_r b > 0$ 时,制造商的最优新产品与再制造品的批发价格以及最优回收价格为:

$$w_n^{D*}(C_n - z) + w_r^{D*}b^* = \frac{A(C_n - z + b^*\theta) + C_n(C_n - z) + b^{*2} + C_r b^*}{2}$$

(2.39)

$$b^* = \left[(G_1^2 - G_2^3)^{\frac{1}{2}} - G_1\right]^{\frac{1}{3}} + \frac{G_2}{\left[(G_1^2 - G_2^3)^{\frac{1}{2}} - G_1\right]^{\frac{1}{3}}} - (C_n - z)$$

(2.40)

其中:

$$G_1 = \frac{(C_n - z)^2\left[(C_r - A\theta) - 2(C_n - z)\right](1-\theta)\right]}{2\theta},$$

$$G_2 = \frac{(C_n - z)\left[(C_n - z)(3\theta - 2) - (A - A\theta + C_r - C_n)\theta\right]}{3\theta}$$

制造商在进行回收价格定价时,需要考虑新产品与再制造产品的单位生产成本之间的关系(条件 F_3),只有在满足一定范围时才有必要进入再制造市场,且回收价格的定价与再制造产品被认可程度 θ 有关,对于新产品和再制造产品的批发价格的定价,也满足一定的数量关系。采用逆向归纳法,将命题 6 求出的制造商制定的新产品、再制造产品的批发价格关系式和回收价格,代入命题 5 可得到零售商制定的新产品、再制造品最优零售价格决策及需求量,并求出制造商和零售商的利润,如表 2.8 所示。

表 2.8　回收价格面向质量差异而统一制定模型的分散情形下最优决策

决策变量	最优决策
w_n^{D*}, w_r^{D*}	$w_n^{D*}(C_n - z) + w_r^{D*}b^* = \dfrac{A(C_n - z + b^*\theta) + C_n(C_n - z) + b^{*2} + C_r b^*}{2}$
b^*	$\left[(G_1^2 - G_2^3)^+ - G_1\right]^+ + \dfrac{G_2}{\left[(G_1^2 - G_2^3)^+ - G_1\right]^+} - (C_n - z)$
p_n^{D*}	$\dfrac{3A}{4} + \dfrac{Ab^{*2}\theta(1-\theta) + \left[C_n(C_n - z) + b^{*2} + C_r b^*\right](C_n - z + b^*\theta)}{4\left[(C_n - z)^2 + 2(C_n - z)b^*\theta + b^{*2}\theta\right]}$

续表

决策变量	最优决策
p_r^{D*}	$\dfrac{3A\theta}{4}+\dfrac{A(C_n-z)b^*\theta(\theta-1)+[C_n(C_n-z)+b^{*2}+C_rb^*](C_n-z+b^*)\theta}{4[(C_n-z)^2+2(C_n-z)b^*\theta+b^{*2}\theta]}$
D_n^{D*}	$\dfrac{A(C_n-z)(C_n-z+b^*\theta)-[C_n(C_n-z)+b^{*^2}+C_rb^*](C_n-z)}{4[(C_n-z)^2+2(C_n-z)b^*\theta+b^{*^2}\theta]}$
D_r^{D*}	$\dfrac{A[(C_n-z)b^*+b^{*2}\theta]-[C_n(C_n-z)+b^{*^2}+C_rb^*]b^*}{4[(C_n-z)^2+2(C_n-z)b^*\theta+b^{*^2}\theta]}$
R^*	$\dfrac{b^*}{C_n-z}$
π_R^{D*}	$\dfrac{[A(C_n-z+b^*\theta)-C_n(C_n-z)-b^{*^2}-C_rb^*]^2}{16[(C_n-z)^2+2(C_n-z)b^*\theta+b^{*^2}\theta]}$
π_M^{D*}	$\dfrac{[A(C_n-z+b^*\theta)-C_n(C_n-z)-b^{*^2}-C_rb^*]^2}{8[(C_n-z)^2+2(C_n-z)b^*\theta+b^{*^2}\theta]}$
π^{D*}	$\dfrac{3[A(C_n-z+b^*\theta)-C_n(C_n-z)-b^{*^2}-C_rb^*]^2}{16[(C_n-z)^2+2(C_n-z)b^*\theta+b^{*^2}\theta]}$

2.3.3 集中决策模型

2.3.3.1 集中决策模型构建与分析

在集中决策模型下,将制造商和零售商看作一个整体,并进行统一决策,使得整体利益最大,决策变量是新产品与再制造品的批发价格 p_n, p_r 和回收价格 b。此时,供应链整体的最优利润函数为:

$$\max_{p_n,p_r,b} \pi^C = (p_n-C_n)D_n+(p_r-C_r)D_r-C_b$$

$$=\left(p_n-C_n-\frac{b^2}{c_n-z}\right)\left(A-\frac{p_n-p_r}{1-\theta}\right)+(p_r-C_r)\left(\frac{p_n-p_r}{1-\theta}-\frac{p_r}{\theta}\right)$$

(2.41)

$$s.t.\begin{cases}\dfrac{b}{C_n-z}\times\left(A-\dfrac{p_n-p_r}{1-\theta}\right)\geqslant\left(\dfrac{p_n-p_r}{1-\theta}-\dfrac{p_r}{\theta}\right)\\[2mm] A-\dfrac{p_n-p_r}{1-\theta}>0\\[2mm]\dfrac{p_n-p_r}{1-\theta}-\dfrac{p_r}{\theta}>0\end{cases}$$

供应链整体通过销售新产品和再制造品获取利润,收入与零售价格 p_n,

p_r 有关,而整体还需要给予终端消费者回收价格补贴来获取废旧产品进行再制造。目标函数中的 $(p_n-C_n)D_n$ 表示整体通过销售新产品获得的利润,$(p_r-C_r)D_r$ 表示整体通过销售再制造品获得的利润,C_b 是整体付出的回收废旧产品的回收成本。约束条件是对新产品与再制造产品生产量非负的约束。经过整理得到命题 7。

命题 7　当满足条件 $A(C_n-z+b^*\theta)-C_n(C_n-z)-b^{*2}-C_rb^*>0$,且 $b^{*3}\theta+(C_n-z)^2(C_n\theta-C_r)-(C_n-z)b^*\theta[A(1-\theta)-C_n+C_r+b^*]>0$ 时,供应链整体的最优定价决策和最大利润分别为:

$$p_n^{C*}=\frac{A}{2}+\frac{Ab^{*2}\theta(1-\theta)+[C_n(C_n-z)+b^{*2}+C_rb](C_n-z+b^*\theta)}{2[(C_n-z)^2+2(C_n-z)b\theta+b^2\theta]}$$

$$(2.42)$$

$$p_r^{C*}=\frac{A\theta}{2}+\frac{A(C_n-z)b^*\theta(\theta-1)+[C_n(C_n-z)+b^{*2}+C_rb](C_n-z+b^*)\theta}{2[(C_n-z)^2+2(C_n-z)b\theta+b^2\theta]}$$

$$(2.43)$$

$$b^*=[(G_1^2-G_2^3)^{\frac{1}{2}}-G_1]^{\frac{1}{3}}+\frac{G_2}{[(G_1^2-G_2^3)^{\frac{1}{2}}-G_1]^{\frac{1}{3}}}-(C_n-z)$$

$$(2.44)$$

$$\pi^{C*}=\frac{[A(C_n-z+b^*\theta)-C_n(C_n-z)-b^{*2}-C_rb^*]^2}{4[(C_n-z)^2+2(C_n-z)b^*\theta+b^{*2}\theta]}\quad(2.45)$$

集中决策与分散决策两种情形下的最优回收价 b^* 相同,与再制造产品被消费者认可程度 θ 相关,且对比分散决策与集中决策的利润水平可以发现:

$$\pi_R^{D*}=\frac{[A(C_n-z+b^*\theta)-C_n(C_n-z)-b^{*2}-C_rb^*]^2}{16[(C_n-z)^2+2(C_n-z)b^*\theta+b^{*2}\theta]}=0.25\pi^{C*}$$

$$(2.46)$$

$$\pi_M^{D*}=\frac{[A(C_n-z+b^*\theta)-C_n(C_n-z)-b^{*2}-C_rb^*]^2}{8[(C_n-z)^2+2(C_n-z)b^*\theta+b^{*2}\theta]}=0.5\pi^{C*}$$

$$(2.47)$$

$$\pi^{D*}=\pi_R^{D*}+\pi_M^{D*}=0.25\pi^{C*}+0.5\pi^{C*}=0.75\pi^{C*}<\pi^{C*}\quad(2.48)$$

分散决策下制造商和零售商的总利润小于集中决策下的总利润,说明在制造商与零售商分别以自身利益最大时进行分散决策会产生双重边际化效应,造成整体利润的损失,使得供应链效益没有达到最优。

2.3.3.2　回收价格面向质量差异的再制造供应链协调

通过比较回收价格面向质量差异而统一制定模型中分散决策及集中决策的

利润水平得知,分散决策下供应链各成员(制造商与零售商)的总利润小于集中决策下的收益水平,本章考虑通过引入收益共享契约,促使各成员的利润总和达到集中决策下的水平。

设定收益共享比例 φ,$0<\varphi<1$,,即在新产品与再制造产品销售后,零售商获得总销售收入的 φ 部分比例,并让渡总销售收入的 $1-\varphi$ 部分比例给制造商。由于分散决策与集中决策时的最优回收价格相同,因此在收益共享契约下直接制定的回收价格也为 b^*。

在收益共享契约下,零售商的最优利润函数表示为:

$$\max_{p_n,p_r}\pi_R^{RS}=\varphi(p_nD_n+p_rD_r)-(w_nD_n+w_rD_r)$$

$$=(\varphi p_n-w_n)\left(A-\frac{p_n-p_r}{1-\theta}\right)+(\varphi p_r-w_r)\left(\frac{p_n-p_r}{1-\theta}-\frac{p_r}{\theta}\right) \quad (2.49)$$

$$s.t.\begin{cases}\frac{b}{C_n-z}\times\left(A-\frac{p_n-p_r}{1-\theta}\right)\geq\frac{p_n-p_r}{1-\theta}-\frac{p_r}{\theta}\\[2mm] A-\frac{p_n-p_r}{1-\theta}>0\\[2mm]\frac{p_n-p_r}{1-\theta}-\frac{p_r}{\theta}>0\end{cases}$$

制造商的利润函数表示为:

$$\max_{w_n,w_r,b}\pi_M^{RS}=(1-\varphi)(p_nD_n+p_rD_r)+(w_n-C_n)D_n+(w_r-C_r)D_r-C_b$$

$$=\left[(1-\varphi)p_n+w_n-C_n-\frac{b^2}{C_n-z}\right]\left(A-\frac{p_n-p_r}{1-\theta}\right)$$

$$+\left[(1-\varphi)p_r+w_r-C_r\right]\left(\frac{p_n-p_r}{1-\theta}-\frac{p_r}{\theta}\right) \quad (2.50)$$

零售商和制造商的总利润为:

$$\pi^{RS*}=\pi_R^{RS}+\pi_M^{RS}=(p_n-C_n)D_n+(p_r-C_r)D_r-C_b=\pi^{C*} \quad (2.51)$$

由式子(2.49)可以得到收益共享契约下的零售商最优定价决策,并整理结果得到命题8。

命题8 当 $F_1=-A\varphi b^*\theta(1-\theta)+(w_n\theta-w_r)(C_n-z)+w_nb\theta-w_rb\theta>0$,$F_2=2A\varphi\left[(C_n-z)^2+2(C_n-z)b^*\theta+b^{*2}\theta\right]-Ab^*\theta(C_n-z+b^*\theta)-\left[C_n(C_n-z)+b^{*2}+C_rb^*\right]\varphi(C_n-z)^2>0$ 时,收益共享契约下的最优零售价格为:

$$p_n^{RS*}=\frac{A}{2}+\frac{Ab^{*2}\theta(1-\theta)}{2\left[(C_n-z)^2+2(C_n-z)b^*\theta+b^{*2}\theta\right]}$$

$$+\frac{w_n\left[(C_n-z)^2+(C_n-z)b^*\theta\right]+w_rb^*(C_n-z+b^*\theta)}{2\varphi\left[(C_n-z)^2+2(C_n-z)b^*\theta+b^{*2}\theta\right]} \quad (2.52)$$

$$p_r^{RS*} = \frac{A\theta}{2} + \frac{A(C_n - z)b^*\theta(\theta - 1)}{2[(C_n - z)^2 + 2(C_n - z)b^*\theta + b^{*2}\theta]}$$

$$+ \frac{w_n(C_n - z)\theta(C_n - z + b^*) + w_r[(C_n - z)b^*\theta + b^{*2}\theta]}{2\varphi[(C_n - z)^2 + 2(C_n - z)b^*\theta + b^{*2}\theta]} \quad (2.53)$$

当收益共享契约下的最优零售价格与集中决策下的最优零售价格相等时，再制造供应链整体的利润水平可以达到在集中决策下的利润水平，即：$p_n^{RS*} = p_n^{C*}$，$p_r^{RS*} = p_r^{C*}$。通过比较集中决策与收益共享契约下的最优零售价格表达式，得出新产品与再制造产品的批发价格应满足：

$$w_n^{RS*}(C_n - z) + w_r^{RS*}b^* = \varphi[C_n(C_n - z) + b^{*2} + C_r b^*] \quad (2.54)$$

将新产品与再制造产品的批发价格与零售价格代入零售商与制造商的利润函数中，可以得到收益共享契约下零售商与制造商的利润。

$$\pi_R^{RS} = \frac{\varphi[A(C_n - z + b^*\theta) - C_n(C_n - z) - b^{*2} - C_r b^*]^2}{4[(C_n - z)^2 + 2(C_n - z)b^*\theta + b^{*2}\theta]} = \varphi\pi^{C*}$$

$$(2.55)$$

$$\pi_M^{RS} = \frac{(1 - \varphi)[A(C_n - z + b^*\theta) - C_n(C_n - z) - b^{*2} - C_r b^*]^2}{4[(C_n - z)^2 + 2(C_n - z)b^*\theta + b^{*2}\theta]} = (1 - \varphi)\pi^{C*}$$

$$(2.56)$$

则有：$\pi^{RS*} = \pi_R^{RS*} + \pi_M^{RS*} = \varphi\pi^{C*} + (1 - \varphi)\pi^{C*} = \pi^{C*} > \pi^{D*}$。

在收益共享契约下，只有当各成员的利益都得到提高，即都不小于分散决策下的收益水平，且总利润也增加时，供应链才能够协调。在该契约下，供应链整体利润增加。为使供应链协调，还应该使 $\pi_R^{RS*} > \pi_R^{D*}$，$\pi_M^{RS*} > \pi_M^{D*}$，得到：

$$\begin{cases} \varphi\pi^{C*} \geqslant 0.25\pi^{C*} \\ (1 - \varphi)\pi^{C*} \geqslant 0.5\pi^{C*} \end{cases}$$

求解得到 $0.25 \leqslant \varphi \leqslant 0.5$，将收益共享契约下的再制造最优决策整理为表 2.9。

表 2.9　回收价格面向质量差异而统一制定模型的收益共享契约下最优决策

决策变量	最优决策
w_n^{RS*}, w_r^{RS*}	$w_n^{RS*}(C_n - z) + w_r^{RS*}b^* = \varphi[C_n(C_n - z) + b^{*2} + C_r b^*]$
b^*	$[(G_1^2 - G_2^3)^{\frac{1}{2}} - G_1]^{\frac{1}{3}} + \dfrac{G_2}{[(G_1^2 - G_2^3)^{\frac{1}{2}} - G_1]^{\frac{1}{3}}} - (C_n - z)$
p_n^{RS*}	$\dfrac{A}{2} + \dfrac{Ab^{*2}\theta(1 - \theta) + [C_n(C_n - z) + b^{*2} + C_r b^*](C_n - z + b^*\theta)}{2[(C_n - z)^2 + 2(C_n - z)b^*\theta + b^{*2}\theta]}$

续表

决策变量	最优决策
p_r^{RS*}	$\dfrac{A\theta}{2} + \dfrac{A(C_n-z)b^*\theta(\theta-1) + [C_n(C_n-z)+b^{*2}+C_rb^*](C_n-z+b^*)\theta}{2[(C_n-z)^2+2(C_n-z)b^*\theta+b^{*2}\theta]}$
D_n^{RS*}	$\dfrac{(C_n-z)[A(C_n-z+b^*\theta)-C_n(C_n-z)-C_rb^*-b^{*2}]}{2[(C_n-z)^2+2(C_n-z)b^*\theta+b^{*2}\theta]}$
D_r^{RS*}	$\dfrac{[A(C_n-z+b^*\theta)-C_n(C_n-z)-C_rb^*-b^{*2}]b^*}{2[(C_n-z)^2+2(C_n-z)b^*\theta+b^{*2}\theta]}$
R^*	$\dfrac{b^*}{C_n-z}$
π_R^{RS*}	$\dfrac{\varphi[A(C_n-z+b^*\theta)-C_n(C_n-z)-b^{*2}-C_rb^*]^2}{4[(C_n-z)^2+2(C_n-z)b^*\theta+b^{*2}\theta]}$
π_M^{RS*}	$\dfrac{(1-\varphi)[A(C_n-z+b^*\theta)-C_n(C_n-z)-b^{*2}-C_rb^*]^2}{4[(C_n-z)^2+2(C_n-z)b^*\theta+b^{*2}\theta]}$
π^{RS*}	$\dfrac{[A(C_n-z+b^*\theta)-C_n(C_n-z)-b^{*2}-C_rb^*]^2}{4[(C_n-z)^2+2(C_n-z)b^*\theta+b^{*2}\theta]}$

2.3.4 算例分析

与第 2 节参考的数据相同,设定 $A=200, C_n=18, q_i \sim U[0.5,1], f(q_i)=2, \beta=0.2, z=7, C_r=12.4$。以表 2.9 的结果为基础,分析分散决策和收益共享契约下收益共享比例 φ 对再制造决策的影响。在进行 φ 的灵敏度分析时,与第 2 节相同,设定参数 $\theta=0.85$。且与回收价格随质量改变的模型作对比,表中(一)表示回收价格面向质量差异而统一制定模型相对于回收价格随质量改变模型对应量减少,(+)表示回收价格面向质量差异而统一制定模型相对于回收价格随质量改变模型对应量增加,相关结果见表 2.10。

表 2.10 回收价格面向质量差异而统一制定模型的参数 φ 的灵敏度分析

φ	b^*	p_n^{RS*}	p_r^{RS*}	D_n^{RS*}	D_r^{RS*}	R^{RS*}	π_R^{RS*}	π_M^{RS*}
0.25	0.7152	108.9(一)	91.8(一)	86.3(+)	5.6(一)	6.5%(一)	2030.9(一)	6092.6(一)
0.3	0.7152	108.9(一)	91.8(一)	86.3(+)	5.6(一)	6.5%(一)	2437.0(一)	5686.4(一)
0.35	0.7152	108.9(一)	91.8(一)	86.3(+)	5.6(一)	6.5%(一)	2843.2(一)	5280.2(一)
0.4	0.7152	108.9(一)	91.8(一)	86.3(+)	5.6(一)	6.5%(一)	3249.4(一)	4874.1(一)
0.45	0.7152	108.9(一)	91.8(一)	86.3(+)	5.6(一)	6.5%(一)	3655.6(一)	4467.9(一)
0.5	0.7152	108.9(一)	91.8(一)	86.3(+)	5.6(一)	6.5%(一)	4061.7(一)	4061.7(一)

由表 2.10 可以看出,在收益共享契约下,新产品零售价格、再制造产品零售价格、产销量、回收率都不受收益共享比例 φ 改变的影响。随着 φ 的增加,即零售商的收入占比部分增加时,零售商的利润增加,而制造商的利润减少。在相同收益共享比例下,与回收价格随回收质量改变的模型相比,回收价格面向质量差异而统一制定模型的新产品和再制造产品的零售价格都会降低,使得新产品的需求量增加,但零售商与制造商的利润和回收率都会降低。

与第 2 节相同,首先分析条件 $F_1 > 0, F_2 > 0$,得到消费者对再制造产品偏好系数 θ 的取值范围;其次需要满足回收率 $R > 0$,为保证 b^* 不存在虚根,此时 $\theta < 0.97$。图 2.9 是回收率随 θ 的变化图,回收率随 θ 的增加而增加,当 $\theta \geq 0.69$ 时,满足 $R > 0$。综上所述,θ 的取值范围为 $0.69 \leq \theta \leq 0.97$,且在该取值范围内,$F_1 > 0, F_2 > 0$ 也都成立。

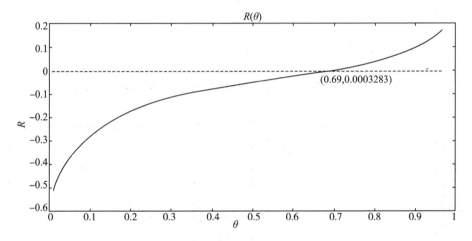

图 2.9　回收价格面向质量差异而统一制定模型中 θ 变动对产品回收率的影响

由图 2.9 和表 2.10 可以看出,消费者对再制造产品的偏好系数 θ 会影响新产品与再制造产品的零售价格、需求量以及利润,且会影响新产品与再制造产品批发价格之间的关系比例。与第 2 节相同,此外分析在分散决策与收益共享契约下 θ 变动对供应链各成员决策的影响。由于在回收价格统一制定时未能具体得到新产品与再制造产品的最优批发价格,只得到了制造商进行决策时新产品与再制造产品批发价格的数量关系,因此在这一节不分析 θ 变动对产品批发价格的影响。由图 2.11 可知,随着消费者偏好系数 θ 的增加,也即是再制造产品的被认可度提高时,回收价格与再制造产品的零售价格提高,而新产品零售价格降低,但依然会大于再制造产品零售价格。随着 θ 的增加,消费者考虑到价格因素,更多选择再制造产品,所以再制造产品需求量增加,而新产品需求量减少,最终零售商与制造商的利润都会增加。在收益共享契约下,由于制造商降低批发价格,新产品与再制造产品零售价格降低,从而获取比分散决策时更大的产品需求量,最终使得供应链整体和各成员的收益水平都得到提高。

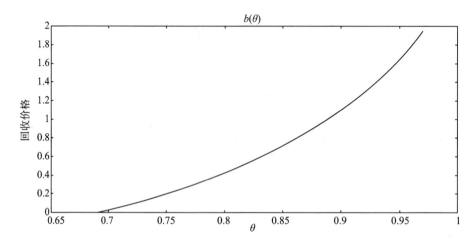

图 2.10　回收价格面向质量差异而统一制定模型中 θ 变动对回收价格的影响

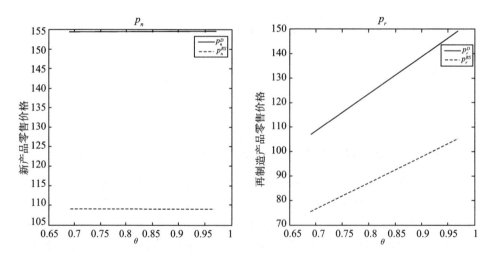

图 2.11　回收价格面向质量差异而统一制定模型中 θ 变动对产品零售价格的影响

对比回收价格随回收质量改变和回收价格面向质量差异而统一制定两种模型在参数 θ 相同的情况下的最优决策。控制固定收益共享比例 $\varphi = 0.45$,结果分析见表 2.11 与表 2.12。

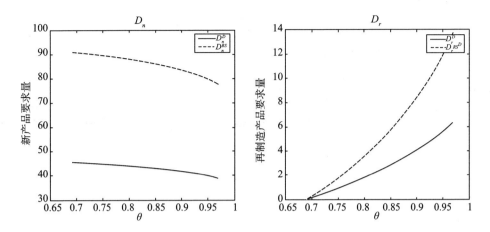

图 2.12　回收价格面向质量差异而统一制定模型中 θ 变动对产品需求量的影响

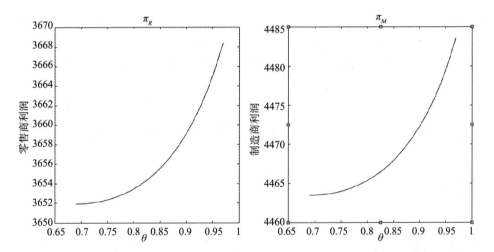

图 2.13　回收价格面向质量差异而统一制定模型中 θ 变动对各成员利润的影响

表 2.11　两种模型下最优零售价格与需求量对比

θ	$p_n^*(b_i)$	$p_n^*(b)$	$p_r^*(b_i)$	$p_r^*(b)$	$D_n^*(b_i)$	$D_n^*(b)$	$D_r^*(b_i)$	$D_r^*(b)$
0.7	109.87	108.99	76.34	76.21	88.23	90.79	2.71	0.30
0.75	109.86	108.99	81.46	81.30	86.39	89.68	4.99	1.77
0.8	109.85	108.99	86.62	86.49	83.85	88.22	7.87	3.49
0.85	109.82	108.98	91.86	91.78	80.22	86.26	11.71	5.61
0.9	109.75	108.95	97.18	97.30	74.79	83.54	17.17	8.35
0.95	109.55	108.87	102.2	102.9	66.66	79.70	25.03	12.03

表 2.12 两种模型下回收率与供应链各成员利润对比

θ	$R^*(b_i)$	$R^*(b)$	$\pi_R^*(b_i)$	$\pi_R^*(b)$	$\pi_M^*(b_i)$	$\pi_M^*(b)$	$\pi^*(b_i)$	$\pi^*(b)$
0.7	3.08%	0.33%	3656.4	3651.9	4468.9	4463.5	8125.2	8115.4
0.75	5.79%	1.97%	3658.2	3652.4	4471.1	4464.0	8129.3	8116.4
0.8	9.38%	3.95%	3661.5	3653.5	4475.2	4465.4	8136.8	8118.9
0.85	14.6%	6.59%	3667.2	3655.6	4482.2	4467.9	8149.4	8123.5
0.9	22.96%	9.91%	3677.0	3659.1	4494.2	4472.2	8171.2	8131.3
0.95	37.55%	15.09%	3694.6	3665.0	4515.6	4479.5	8210.3	8144.5

由表 2.11 可以看出,在消费者偏好系数 θ 相同时,相对于回收价格随回收质量改变的模型,回收价格统一制定模型的最优新产品与再制造产品的零售价格比较低。但随着 θ 的增加,再制造产品的零售价格逐渐增加,且超过回收价格随质量改变的模型($\theta = 0.9$ 时反超)。相比于回收价格随回收质量改变的模型,回收价格面向质量差异而统一制定模型的最优新产品需求量更多,而最优再制造产品需求量更少。

由表 2.12 可以看出,在消费者偏好系数 θ 相同时,相对于回收价面向质量差异而统一制定的模型,回收价格随回收质量改变模型的回收率更高,且供应链各成员(制造商与零售商)和供应链整体的利润更大。因此,在废旧产品的质量存在差异的情况下,制造商根据回收质量制定不同的回收价格比制定统一回收价格更为有利。

2.4 结 论

本章基于消费者支付意愿存在差异的背景,结合消费者效用理论确定了新产品与再制造产品的需求函数。本章主要考虑到在废旧产品回收过程中,每个用户对于产品的使用耗损不一样,造成回收产品的质量存在差异,这必然会影响到进行再制造的生产成本,也更符合实际情况。因此,在废旧产品回收质量存在差异的情况下,对再制造过程进行分析,设定质量系数,并进一步确定了受回收质量影响的再制造过程成本函数、回收价格函数、回收率函数、回收成本函数。此外,结合实际情况,在回收价格随回收质量改变和回收价格面向质量差异而统一制定两种情况下构建了由单一制造商、单一零售商及消费者共同组成的再制造供应链博弈模型,分析在分散决策与集中决策下的最优定价决策,并引入收益共享契约对供应链进行协调,最后对模型进行算例分析,得到以下结论:

(1)只有当消费者对再制造产品比较认可时(θ 超过某一值时),制造商才有必要进行废旧产品回收与再制造。

(2)在回收价格随回收质量改变的模型中,制造商制定的单位再制造产品利润率只对制造商的定价决策有影响,对制造商的利润和零售商的决策没有产生影响。因此,在进行决策时,制造商制定的单位再制造产品利润率这一参数没必要做过多考虑。

(3)消费者对购买再制造产品的偏好程度会对供应链各成员的决策产生影响。随着再制造产品被认可程度参数 θ 的增大,制定的新产品零售价格降低,再制造产品零售价格升高,但新产品零售价格依然不会低于再制造产品,消费者此时考虑价格因素,使得新产品需求量减少,再制造产品需求量增加,供应链各成员获得的新产品销售利润减少,而从再制造产品处获得的销售利润增加,最终各成员的总利润会增加。

(4)集中决策下总利润高于分散决策,在供应链各成员之间引入收益共享契约时,各成员利润可以得到提高,并达到集中决策时的整体收益水平。且收益共享比例有一定的取值范围,零售商的利润随收益共享比例的增加而增加,制造商的利润随收益共享比例的增加而减少。

(5)相较于分散决策,在收益共享契约下,制造商会选择让渡产品的批发价格,给零售商且随着再制造产品被认可程度的增加,新产品批发价格降低得越多,此时供应链整体可以制定更低的零售价格,并获得更大的产品需求量,最终获得更多的利润。

(6)考虑回收价格随回收质量改变时,制造商制定的回收价格与废旧产品的质量和消费者对再制造产品偏好程度相关,回收价格同样与回收质量相关。对于回收质量系数越高的废旧产品,其回收价格越高。对于同一回收质量系数的回收产品,再制造产品被消费者认可程度越大,回收价格可制定得越高。

(7)相比于回收价格面向质量差异而统一制定的模型,回收价格随回收质量改变模型会使得供应链各成员获得更大的利润及回收率。

第3章　消费者异质购买意愿下再制造供应链策略分析

3.1　问题的提出

回收和再制造是学者和企业管理者共同关注的关键问题,再制造可以为企业节省生产材料,创造额外的利润。在现实生活中,像柯达、惠普和施乐等企业都已经采取了产品回收和再制造的策略。尽管再制造具有经济和环境方面的优点,但再制造产品的转售和再销售问题还是具有挑战性。从消费者的角度来看,购买再制造产品的动机可能很低。消费者对再制造产品有不同的感知,并表现出不同程度的支付意愿(WTP),这影响了新产品和再制造产品的需求量,进一步影响了企业再制造供应链的回收和再制造决策。

3.2　一阶段再制造决策分析

本章基于新产品和再制造产品消费者 WTP 的异质性,构建了再制造供应链的混合理论模型,采用线性需求函数,并研究了一些战略问题。在本章节中,回收和再制造的产品是耐用品。制造商可自行进行再制造活动或向分销商或第三方授权再制造活动并收取专利许可费。专利许可作为制造商采用的一种战略,被广泛应用在再制造供应链运作中。

本章采用 Stackelberg 博弈方法求解模型,制造商是生产新产品和授予再制造专利许可权的博弈领导者,本研究从制造商的角度讨论了最优再制造生产决策。博弈的决策顺序如下:首先,制造商设置专利许可费;然后,分销商(或第三方)确定是否接受与制造商签订合同中的专利许可费;最后,制造商和分销商(或第三方)同时决定其生产价格、数量和废旧产品回收率。我们总结了模型中用到的参数,如表 3.1 所示。

表 3.1　参数设置

符号	描述
决策变量	
p_n^j	新产品的单位销售价格
p_r^j	分销商再制造模式下的单位销售价格
q_n^j	新产品的销售数量
q_r^j	分销商再制造模式下的销售数量
q_d^j	制造商再制造模式下的销售数量
w_n^j	新产品的单位批发价格
W_d^j	制造商再制造产品的单位批发价格
f^j	制造商授权分销商再制造而收取的单位产品专利许可费
模型参数	
c_n	新产品的单位生产成本
c_r	分销商再制造产品的单位生产成本
c_d	制造商再制造产品的单位生产成本
c_t	第三方再制造产品的单位生产成本
α	由制造商再制造时消费者的 WTP 比率
β	由分销商再制造时消费者的 WTP 比率
其他符号	
U_n	消费者购买新产品的效用
U_d	消费者向制造商购买再制造产品的效用
U_r	消费者向分销商购买再制造产品的效用
v	每个消费者都愿意支付新产品的费用
π_i^j	i 模式下联合企业在再制造供应链中的利润功能,参数 $i \in \{M,R,T\}$,参数 M 是制造商,R 是分销商,T 是再制造商。参数 $j \in \{Mr,Rr,MrRr,MrTr\}$,是指四种再制造模式。

本章节涉及以下四种混合再制造模式:(a)Mr 模式,只有制造商生产再制造产品;(b)Rr 模式,只有分销商生产再制造产品;(c)MrRr 模式,制造商和分销商都生产再制造产品;(d)MrTr 模式,制造商和第三方都生产再制造产品。见图 3.1。

消费者购买制造商生产的新产品的效用是 $U_n = v - p_n$;消费者向制造商购买再制造产品的效用是 $U_d = \alpha v - w_d$;消费者向分销商购买再制造产品的效用是 $U_r = \beta v - p_r$。我们假设 $0 < \beta < \alpha < 1$,即消费者更愿意购买制造商生产的再

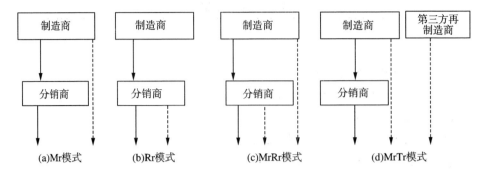

图 3.1　再制造模式

制造产品。当 $v\in[0,1]$，$c_r,c_n,c_d\in(0,1)$，且 $c_r<c_d<c_n$ 时，新产品的成本高于制造商再制造的产品，也高于分销商再制造的产品。

消费者购买新产品的条件是：$U_n>0,U_n>U_d,U_n>U_r$；消费者购买制造商生产的再制造产品的条件是：$U_d>0,U_d>U_n,U_d>U_r$；消费者向分销商购买再制造产品的条件是：$U_r>0,U_r>U_n,U_r>U_d$。在 Mr 模式下对应的需求关系如下：$q_n^{Mr}=1-\dfrac{p_n^{Mr}-w_d^{Mr}}{1-\alpha}$，$q_d^{Mr}=\dfrac{\alpha p_n^{Mr}-w_d^{Mr}}{\alpha(1-\alpha)}$。在 Rr 模式下对应的需求关系如下：

$$q_n^{Rr}=1-\frac{p_n^{Rr}-p_r^{Rr}}{1-\beta},\quad q_r^{Rr}=\frac{\beta p_n^{Rr}-p_r^{Rr}}{\beta(1-\beta)}\text{。}$$ 在 MrRr 模式下的对应需求关系如下：

$$q_n^{MrRr}=1-\frac{p_n^{MrRr}-w_d^{MrRr}}{1-\alpha},\quad q_d^{MrRr}=\frac{p_n^{MrRr}-w_d^{MrRr}}{1-\alpha}-\frac{w_d^{MrRr}-p_r^{MrRr}}{\alpha-\beta},\quad q_r^{MrRr}=\frac{\beta w_d^{MrRr}-\alpha p_r^{MrRr}}{\beta(\alpha-\beta)}\text{。}$$

3.2.1　无再制造 Mn 模式

在这种模式下，制造商只生产新产品，并通过分销商销售新产品。

制造商和分销商的利润函数分别为：

$$\max_{w_n^{Mn}}\pi_M^{Mn}=(w_n^{Mn}-c_n)q_n^{Mn} \tag{3.1}$$

$$\max_{p_n^{Mn}}\pi_R^{Mn}=(p_n^{Mn}-w_n^{Mn})q_n^{Mn} \tag{3.2}$$

根据逆向归纳法，得出以下结论：$q_n^{Mn}=\dfrac{1-c_n}{4}$，$\pi_M^{Mn}=\dfrac{(1-c_n)^2}{8}$，$\pi_R^{Mn}=\dfrac{(1-c_n)^2}{16}$。

3.2.2　单主体再制造模型

3.2.2.1　制造商再制造 Mr 模式

在这种模式下,制造商和分销商销售新产品,制造商自行生产和销售再制造产品。制造商生产的新产品和再制造产品在市场上共存。

制造商和分销商的利润函数分别为:

$$\max_{w_n^{Mr}, w_d^{Mr}} \pi_M^{Mr} = (w_n^{Mr} - c_n) q_n^{Mr} + (w_d^{Mr} - c_d) q_d^{Mr} \tag{3.3}$$

$$\max_{p_n^{Mr}} \pi_R^{Mr} = (p_n^{Mr} - w_n^{Mr}) q_n^{Mr} \tag{3.4}$$

命题 1　在 Mr 模式下,最优销售数量和制造商最优的利润分别为:

$$q_n^{Mr} = \frac{1 - \alpha - c_n + c_d}{4(1 - \alpha)}, q_d^{Mr} = \frac{\alpha + \alpha c_n + \alpha c_d - 2c_d - \alpha^2}{4\alpha(1 - \alpha)},$$

$$\pi_M^{Mr} = \frac{(\alpha - 2)c_d^2 + 2\alpha(1 + c_n - \alpha)c_d + \alpha(\alpha^2 - 2\alpha c_n - c_n^2 - 1)}{8\alpha(1 - \alpha)}$$

两种产品的销售数量非负,产品的生产成本必须满足以下关系:$c_n - 1 + \alpha < c_d < \dfrac{\alpha(c_n + 1 - \alpha)}{2 - \alpha}$。

推论 1　在 Mr 模式下,消费者 WTP 比率 α 对销售数量和利润的影响是:$\partial q_n^{Mr} / \partial \alpha < 0, \partial q_d^{Mr} / \partial \alpha > 0, \partial \pi_M^{Mr} / \partial \alpha > 0$。

推论 1 表明,当消费者 WTP 比率增加时,他们感知到再制造产品和新产品之间有更大的可替代性,从而使得再制造产品销售数量增加,新产品销售数量减少。当消费者 WTP 比率增加时,再制造产品销售数量增加的收益大于新产品数量减少后的损失,从而使制造商的收益随着消费者 WTP 比率的上升而增加。

推论 2　当 $\alpha c_n < c_d$ 时,新产品和再制造产品之间的销售数量关系是 $q_n^{Mr} > q_d^{Mr}$。

推论 2 表明,当新产品销售数量大于零时,新产品的价格高于再制造产品的价格。然而,再制造产品的低价格不一定会提高消费者对再制造产品的更高需求,只有当 $\alpha c_n > c_d$ 时,消费者对再制造产品的需求才会超过对新产品的需求。

3.2.2.2　分销商再制造 Rr 模式

这种模式由制造商通过分销商销售新产品,分销商在制造商授权后生产和销售再制造产品。制造商生产的新产品和分销商生产的再制造产品同时出现在

市场上。制造商和分销商的利润函数分别为:

$$\max_{w_n^{Rr}, f^{Rr}} \pi_M^{Rr} = (w_n^{Rr} - c_n) q_n^{Rr} + f^{Rr} q_r^{Rr} \tag{3.5}$$

$$\max_{p_n^{Rr}, p_r^{Rr}} \pi_R^{Rr} = (p_n^{Rr} - w_n^{Rr}) q_n^{Rr} + (p_r^{Rr} - c_r - f^{Rr}) q_r^{Rr} \tag{3.6}$$

命题 2 在 Rr 模式下,制造商和分销商的最优策略集为:

$$w_n^{Rr} = \frac{1 + c_n}{2}, \ p_r^{Rr} = \frac{3\beta + c_r}{4}, \ p_n^{Rr} = \frac{3 + c_n}{4},$$

$$f^{Rr} = \frac{\beta - c_r}{2}, \ q_n^{Rr} = \frac{1 - \beta - c_n + c_r}{4(1 - \beta)}, \ q_r^{Rr} = \frac{\beta c_n - c_r}{4\beta(1 - \beta)},$$

$$\pi_M^{Rr} = \frac{c_r^2 + 2\beta(\beta - c_r - 1)c_n + \beta(c_n^2 - \beta + 1)}{8\beta(1 - \beta)},$$

$$\pi_R^{Rr} = \frac{c_r^2 + 2\beta(\beta - c_r - 1)c_n + \beta(c_n^2 - \beta + 1)}{16\beta(1 - \beta)}$$

为了建立这种模式,产品的生产成本需要满足以下关系: $c_n - 1 + \beta < c_r < \beta c_n$。

推论 3 在 Rr 模式下,消费者 WTP 比率 β 对销售数量和利润的影响是: $\partial q_n^{Rr} / \partial \beta < 0, \partial q_r^{Rr} / \partial \beta > 0, \partial \pi_M^{Rr} / \partial \beta > 0$。

推论 3 表明,当消费者对再制造产品的 WTP 比率增加时,再制造产品的销售数量和制造商收取的最优专利许可费会增加,而新产品的销售数量则会减少。因此,制造商的收入随着消费者 WTP 比率的增加而增加。

推论 4 当 $\beta(1 - \beta + c_r - c_n) > \beta c_n - c_r$ 时,新产品与再制造产品的销售数量关系为 $q_n^{Rr} > q_r^{Rr}$。

推论 4 表明,无论生产成本和价格折扣系数如何变化,分销商为新产品设定的价格高于再制造产品。当 $\beta(1 - \beta + c_r - c_n) > \beta c_n - c_r$ 时,消费者对新产品的需求超过对再制造产品的需求。

3.2.3 多主体(混合)再制造模式

3.2.3.1 制造商和分销商再制造 MrRr 模式

当制造商生产新产品和再制造产品,分销商在制造商授权后生产再制造产品,然后来自制造商的新产品和来自双方的再制造产品同时出现在市场上。

制造商和分销商的利润函数分别为:

$$\max_{w_n^{MrRr}, w_d^{MrRr}, f^{MrRr}} \pi_M^{MrRr} = (w_n^{MrRr} - c_n) q_n^{MrRr} + f^{MrRr} q_r^{MrRr} + (w_d^{MrRr} - c_d) q_d^{MrRr}$$

$$\tag{3.7}$$

$$\max_{p_n^{MrRr},p_r^{MrRr}} \pi_R^{MrRr} = (p_n^{MrRr} - w_n^{MrRr})q_n^{MrRr} + (p_r^{MrRr} - c_r - f^{MrRr})q_r^{MrRr} \quad (3.8)$$

命题 3　在 MrRr 模式下,制造商和分销商的最优策略集为:

$$q_n^{MrRr} = \frac{1-\alpha-c_n+c_d}{4(1-\alpha)}, q_r^{MrRr} = \frac{\beta c_d - \alpha c_r}{4\beta(\alpha-\beta)}, f^{MrRr} = \frac{\beta-c_r}{2},$$

$$q_d^{MrRr} = \frac{(\alpha^2-2\alpha+\beta)c_d - \alpha\beta(1+c_n) + \alpha c_r + \alpha^2(\beta+c_n-c_r+1-\alpha)}{4\alpha(1-\alpha)(\alpha-\beta)},$$

$$\pi_M^{MrRr} = \frac{(\alpha^2-2\alpha\beta)\beta c_d^2}{8(\alpha-\beta)} - \frac{(c_d-c_n)^2}{8(\alpha-1)} + \frac{c_d^2}{8\alpha} + \frac{c_r^2}{8\beta} + \frac{1}{8}$$

为了建立这种模式,产品的生产成本应保持以下关系:

$$\max(c_n-1+\alpha, \alpha c_r/\beta) < c_d < \frac{\alpha\beta(1+c_n) - \alpha c_r - \alpha^2(\beta+c_n-c_r+1-\alpha)}{\alpha^2-2\alpha+\beta}$$

推论 5　在 MrRr 模式下,消费者 WTP 比率 α、β 对数量和利润的影响是:
$\partial q_n^{MrRr}/\partial \alpha < 0, \partial q_r^{MrRr}/\partial \alpha < 0, \partial q_d^{MrRr}/\partial \alpha > 0, \partial q_r^{MrRr}/\partial \beta > 0, \partial q_d^{MrRr}/\partial \beta > 0$。

3.2.3.2　制造商和第三方再制造 MrTr 模式

在这种模式下,制造商通过分销商销售新产品,自行生产和销售再制造产品,并授权第三方生产和销售再制造产品。制造商、分销商、第三方的利润函数分别为:

$$\max_{w_n^{MrTr},w_d^{MrTr},f^{MrTr}} \pi_M^{MrTr} = (w_n^{MrTr} - c_n)q_n^{MrTr} + f^{MrTr}q_t^{MrTr} + (w_d^{MrTr} - c_d)q_d^{MrTr}$$

$$(3.9)$$

$$\max_{p_n^{MrTr}} \pi_R^{MrTr} = (p_n^{MrTr} - w_n^{MrTr})q_n^{MrTr} \quad (3.10)$$

$$\max_{p_t^{MrTr}} \pi_T^{MrTr} = (p_t^{MrTr} - c_t - f^{MrTr})q_t^{MrTr} \quad (3.11)$$

通过逆向归纳法,制造商的最优利润为:

$$\pi_M^{MrTr} = \frac{\alpha}{8} - \frac{\beta}{32} - \frac{c_d}{4} - \frac{c_n}{4} - \frac{(c_d-c_n)^2}{8(\alpha-1)} - \frac{(\beta-c_t)^2}{32(2\alpha-\beta)} + \frac{9c_d^2}{64\alpha} + \frac{c_t^2}{8\beta} +$$

$$\frac{(c_d-c_t)(4\beta+7c_d-9c_t)}{64(\alpha-\beta)} - \frac{\beta(c_d-c_t)^2}{64(\alpha-\beta)^2} + \frac{1}{8}$$

消费者 WTP 比率对 MrTr 模式决策变量影响的分析结果与 MrRr 模式相似,此处省略。

3.2.4　生产模式结果比较分析

在上述生产模式下,新产品和再制造产品的销售数量和制造商的利润比较如下，销售数量关系是：$q_n^{Mr} = q_n^{MrRr} < q_n^{Rr}$，$q_d^{MrRr} < q_d^{Mr}$；制造商的利润关系是：$\pi_M^{Mn} \leqslant \pi_M^{Rr} < \pi_M^{Mr} \leqslant \pi_M^{MrRr}$。

本节使用数值方法比较了前几个小节中得到的再制造模式的结果，并表明了消费者对新产品和再制造产品的 WTP 比率如何影响制造商的利润。参数设置如下，假设 $c_n = 0.5$，$c_d = 0.4$，$c_r = 0.3$。根据命题 1、命题 2 和命题 3 的分析，我们知道，当 $\alpha = 0.8$ 时，β 的取值范围是 $0.6 < \beta < 0.8$；当 $\beta = 0.6$ 时，α 的取值范围是 $0.67 < \alpha < 0.8$。制造商在 Mr, Rr, MrRr 和 Mn 四种再制造模式下的利润比较如图 3.2 所示。

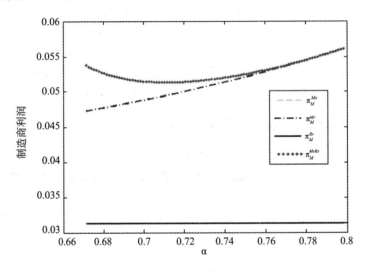

图 3.2　WTP 比率 α 变化时各再制造模式的利润比较

图 3.2 显示：$\pi_M^{MrRr} \geqslant \pi_M^{Mr} > \pi_M^{Rr} = \pi_M^{Mn}$。与 Mn 模式相比，当 WTP 比率 α 发生变化时，Mr 模式（或 MrRr 模式）的制造商可以通过生产和销售再制造产品来获得更多的利润，这意味着再制造对制造商总是有利的。

此外，在 MrRr 模式下，随着 α 的增加，制造商的利润先减少后增加，表明消费者对再制造产品的 WTP 越高，再制造产品的市场份额就越大，在 WTP 增加的一定阈值下，制造商可以从再制造产品中获得比新产品更多的利润。在 MrRr 模式下，制造商的收入最高。因此，制造商的最优生产渠道是参与再制造并授权分销商生产和销售再制造产品（MrRr 模式）。

由图 3.3 可知，当 WTP 比率 β 发生变化时，$\pi_M^{MrRr} \geqslant \pi_M^{Mr} > \pi_M^{Rr} \geqslant \pi_M^{Mn}$。Rr 模式下制造商的收入高于 Mn 模式下制造商的收入，这意味着制造商通过授权分销商进行再制造而获得更多的收入。我们观察到，在 MrRr 模式下，制造商的利润随着 WTP 比率 β 的增加而增加，并且远高于其他模式。因此，MrRr 模式对制造商是有利的。

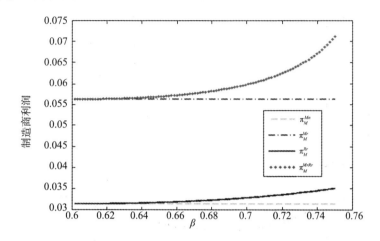

图 3.3　WTP 比率 β 变化时各再制造模式的利润比较

无论主要再制造商是制造商还是分销商（$\pi_M^{Mr} \geqslant \pi_M^{Mn}, \pi_M^{Rr} \geqslant \pi_M^{Mn}$），再制造都是一个有利的选择。制造商应该积极参与再制造，即使它知道分销商已经承担了再制造工作（$\pi_M^{MrRr} > \pi_M^{Rr}$），以及分销商再制造比再制造本身（$\pi_M^{MrRr} > \pi_M^{Mr}$）更好。换句话说，制造商通过专利许可从再制造产品中获得更多的利润，抵消了对分销商再制造的负面影响。专利许可费对制造商和分销商的盈利能力至关重要，影响他们的决策。当消费者对再制造产品的 WTP 增加时，制造商可以增加再制造产品的专利许可费，从而保护新产品（$\partial f^{MrRr}/\partial\beta > 0$）的市场。反之，当分销商的再制造成本较高时，制造商可以适当降低再制造产品的专利许可费，以鼓励分销商继续再制造，这在一定程度上驱动了再制造市场（$\partial f^{MrRr}/\partial c_r < 0$）。

消费者 WTP 比率 α 和 β 分别发生变化时，四种再制造模式之间的总利润比较：$\pi^{MrRr} \geqslant \pi^{Mr} > \pi^{Rr} = \pi^{Mn}, \pi^{MrRr} \geqslant \pi^{Mr} > \pi^{Rr} \geqslant \pi^{Mn}$，这意味着 MrRr 模式也是制造商从总供应链效率的角度做出的最优决策。

3.2.5　MrRr 模式和 MrTr 模式的数值分析

与 Mn 或 Mr 模式相比，MrTr 模式更有利于扩大总市场份额，增加制造商和再制造供应链的总利润。因此，我们只比较图 3.4 和图 3.5 中的 MrTr 模式和 MrRr 模式：当 $c_t > c_r$ 时，MrRr 模式下制造商和整个供应链的利润更高。换句话说，制造商选择与分销商进行再制造比选择与第三方进行再制造更好。然而，当 $c_t < c_r$ 时，MrTr 模式下制造商的收入和供应链的总收入更高，制造商更

愿意与第三方合作,共同生产和销售再制造产品。

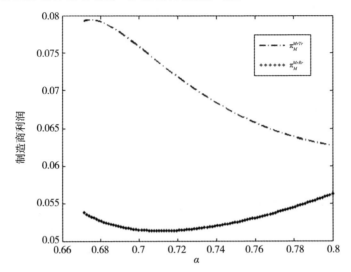

图 3.4　当 $c_t=0.2$ 时,MrTr 模式与 MrRr 模式的利润比较

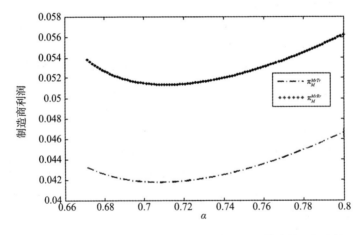

图 3.5　当 $c_t=0.35$ 时,MrTr 模式与 MrRr 模式的利润比较

　　因此,制造商通过对产品进行再制造并直接销售来赚取更多的利润。当分销商的再制造成本较低时,无论制造商的选择何种再制造模式,制造商和分销商的再制造模式(MrRr 模式)对制造商来说都是最好的,即使引入第三方参与再制造(MrTr 模式),这也是制造商从供应链效率($\pi_T^{MrRr} > \pi_T^{MrTr}$)的角度来考虑的。否则,MrTr 模式是上述再制造生产策略中的最优选择。因此,制造商会根据再制造的最低成本选择其再制造合作伙伴。

当 WTP 比率 β 发生变化时，我们将 MrTr 模式下的利润与 MrRr 模式下的利润进行比较，主要结果与 WTP 比率 α 变化结果一致。因此，我们在此不再详细阐述。

3.3　两阶段再制造模式决策分析

在第 2 节所述模型的基础上，考虑回收率和容量，构建了两阶段模型，只有第一阶段生产的新产品，制造商、分销商或第三方才可以在第二阶段进行回收并用于生产再制造产品。

废旧产品回收投资的函数：$\tau = \sqrt{I/C}$，我们采用线性逆需求函数：$p_{1n} = Q - q_{1n}$，对于第一阶段：$p_{2n} = Q - q_{2n} - \beta q_{2r}$，对于第二阶段：$p_{2r} = \beta(Q - q_{2n} - q_{2r})$。在两阶段模型中，我们假设消费者对制造商生产的再制造产品具有更高的 WTP。

3.3.1　无再制造的 *Mn* 模式

在这种模式下，只有制造商生产的新产品。制造商和分销商的利润分别为 $\max\limits_{w_{1n}} \pi_{1M}^{Mn} = (w_{1n} - c_n) q_{1n}$ 和 $\max\limits_{q_{1n}} \pi_{1R}^{Mn} = (p_{1n} - w_{1n}) q_{1n}$。我们得出了第一阶段的最优销售数量和制造商的最优利润：$q_{1n} = \dfrac{Q - c_n}{4}$，$\pi_{1M}^{Mn} = \dfrac{(Q - c_n)^2}{8}$。

3.3.2　考虑回收率的 Mr 模式

在这种模式下，制造商回收废旧产品并生产新产品和再制造产品。制造商和分销商的利润函数可以分别表示为：

$$\max_{w_{2n},\tau} \pi_{2M}^{Mr} = (w_{2n} - c_n + \Delta) q_{2n} - C\tau^2 \tag{3.12}$$

$$\max_{q_{2n}} \pi_{2R}^{Mr} = (p_{2n} - w_{2n}) q_{2n} \tag{3.13}$$

在 Mr 模式下，最优销售数量和最优废旧产品回收率分别为：$q_{2n}^{Mr} = \dfrac{2CX}{(8C - \Delta^2)}$，$\tau^{Mr} = \dfrac{\Delta X}{(8C - \Delta^2)}$。

3.3.3　考虑回收率的 Rr 模式

在这种模式下,分销商回收废旧产品并生产再制造产品,制造商生产新产品。制造商和分销商的利润可以分别表示为:

$$\max_{w_{2n},f} \pi_{2M}^{Rr} = (w_{2n} - c_n)q_{2n} + fq_{2r} \tag{3.14}$$

$$\max_{q_{2n},q_{2r},\tau} \pi_{2R}^{Rr} = (p_{2n} - w_{2n})q_{2n} + (p_{2r} - c_r + \Delta - f)q_{2r} - C\tau^2 \tag{3.15}$$

s. t : $\tau q_{1n} \geqslant q_{2r}$

在 Rr 模式下,制造商和分销商的最优策略集为:

$$q_{2n}^{Rr} = \frac{X(16C + QXM - \beta\Delta X)}{4(16C + MX^2)},$$

$$q_{2r}^{Rr} = \frac{X^2 Z}{4(16C + MX^2)}, \tau^{Rr} = \frac{XZ}{4(16C + MX^2)}, f^{Rr} = \frac{\Delta - c_n + Q\beta}{2},$$

$$\pi_{2M}^{Rr} = \frac{X^2\{QXM + c_n[-QM + (1-\beta)(c_n - 2\Delta)] + \Delta^2 + 16C\}}{4(16C + MX^2)}$$

其中,$X = Q - c_n$,$Z = \Delta - c_n + c_n\beta$,$M = \beta - \beta^2$。

3.3.4　考虑回收率的 MrRr 模式

在这种模式下,制造商回收部分废旧产品,并生产新产品和再制造产品。分销商回收其他部分废旧产品,并生产再制造产品。制造商和分销商的利润可以分别表示为:

$$\max_{w_{2n},f} \pi_{2M}^{MrRr} = (w_{2n} - c_n + \Delta a\tau_m)q_{2n} + fq_{2r} - C(a\tau)^2 \tag{3.16}$$

$$\max_{q_{2n},q_{2r},\tau} \pi_{2R}^{MrRr} = (p_{2n} - w_{2n})q_{2n} + (p_{2r} - c_r + \Delta - f)q_{2r} - C(1-a)^2\tau^2 \tag{3.17}$$

s. t : $(1-a)\tau q_{1n} \geqslant q_{2r}$

在 MrRr 模式下,最优销售数量和最优废旧产品回收率分别为:

$$q_{2n}^{MrRr} = \frac{X\left[MQ^2Y^2 - 2Qa\beta\left(\Delta a + c_n\beta + c_n + \frac{3}{2}\Delta\right) - Qc_nM(1-a^2) - \Delta\beta(c_n - Q + c_na^2) + H\right]}{4[MQ^2Y^2 + (a^2 - 2a)(c_n - 2Q)c_nM + 2Qa\beta Y - 2Qc_nM + 2c_n\Delta a\beta Y + 24Ca^2 + c_n^2M + H]},$$

$$q_{2r}^{MrRr} = \frac{X^2Y[\Delta - Y(1-\beta)c_n]}{4[MQ^2Y^2 + (a^2 - 2a)(c_n - 2Q)c_nM + 2Qa\beta Y - 2Qc_nM + 2c_n\Delta a\beta Y + 24Ca^2 + c_n^2M + H]},$$

$$\tau^{MrRr} = \frac{X[Z + ac_n(1-\beta)]}{4[MQ^2Y^2 + (a^2 - 2a)(c_n - 2Q)c_nM + 2Qa\beta Y - 2Qc_nM + 2c_n\Delta a\beta Y + 24Ca^2 + c_n^2M + H]}。$$

其中,$H = -a^2\Delta^2 - 32Ca + 16C$,$Y = 1 - a$。

3.3.5　考虑回收率的 MrTr 模式

在这种模式下,制造商回收部分废旧产品,并生产新产品和再制造产品。第三方回收其他部分废旧产品,并生产再制造产品。制造商、分销商、第三方的利润函数分别为:

$$\max_{w_{2n},f} \pi_{2M}^{MrTr} = (w_{2n} - c_n + \Delta a \tau_m) q_{2n} + f q_{2t} - C(a\tau)^2 \tag{3.18}$$

$$\max_{q_{2n}} \pi_{2R}^{MrTr} = (p_{2n} - w_{2n}) q_{2n} \tag{3.19}$$

$$\max_{q_{2t},\tau} \pi_{2T}^{MrTr} = (p_{2t} - c_t + \Delta - f) q_{2t} - C(1-a)^2 \tau^2 \tag{3.20}$$

s. t: $(1-a)\tau q_{1n} \geqslant q_{2t}$

在 MrTr 模式下,最优销售数量和最优废旧产品回收率分别为:

$$q_{2n}^{MrTr} = \frac{X[L(4Q^2\beta - 3Q^2\beta^2 + 4Q\beta^2) + 8Qa\beta(c_n\beta - Q + \Delta) + 6Q\beta(a^2\Delta + a^2c_n + Qa\beta - c_n) + P]}{8[N(Q+c_n)(a+1)^2 + c_n^2 N(a^2+2a-1) - 2H + 48ca^2 + 2\Delta\beta(a^2\Delta c_n - Qa + Q - c_n)]},$$

$$q_{2t}^{MrTr} = \frac{X^2 Y^2 (2c_n - 2\Delta - Q\beta - 2ac_n - c_n\beta + Qa\beta + ac_n\beta)}{4[N(Q+c_n)(a+1)^2 + c_n^2 N(a^2+2a-1) - 2H + 48ca^2 + 2\Delta(a^2\Delta c_n - Qa + Q - c_n)]}$$

$$\tau^{MrTr} = \frac{X(2\Delta - 2c_n + Q\beta + 2ac_n + c_n\beta - Qa\beta - ac_n\beta)}{N(Q+c_n)(a+1)^2 + c_n^2 N(a^2+2a-1) - 2H + 48ca^2 + 2\Delta\beta(a^2\Delta c_n - Qa + Q - c_n)}$$

其中, $N = 2\beta - \beta^2$, $P = (\alpha^2 + 1)c_n^2 M + 4a^2\Delta(c_n - \Delta) + 4ac_n\beta(\Delta + \beta + 1) - 128aC + 64C + 2\beta c_n(\Delta - 2ac_n) + 96Ca^2 + 2ac_n\beta(c_n\beta + \Delta a)$。

我们省略了 MrRr 模式和 MrTr 模式下制造商的最优专利许可费和最优利润,因为它们的表达很复杂。

3.3.6　数值分析

本节比较了上述生产模式下的新产品和再制造产品的销售数量。由于 MrRr 模式和 MrTr 模式的利润函数很复杂,因此很难比较混合再制造模式之间的利润,于是我们使用数值分析进行比较。令 $C=1\ 500, Q=100, c_n=20, \Delta=15$ 和 $a=0.5$。模型中的均衡解和最优利润,表明了消费者的 WTP 比率 β 如何影响制造商的最优销售数量、最优回收率和最优利润。结果表明,再制造模式的利润高于非再制造模式。

Mr 模式不受消费者 WTP 比率 β 的影响,因此,我们只讨论参数变化时的混合再制造模式(Rr 模式、MrRr 模式和 MrTr 模式)。主要结果如下:

(1)由图 3.6 和图 3.7 可知,变量 q_{2n} 在 Rr、MrRr 和 MrTr 模式下随 β 递增而单调递减;变量 q_{2r}, τ, π_{2M} 在 Rr、MrRr 和 MrTr 模式中随 β 递增而单调递增。

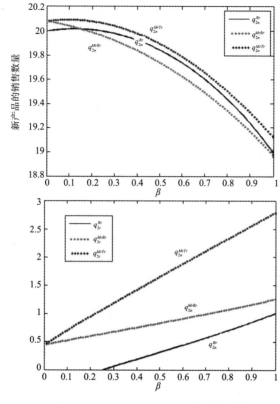

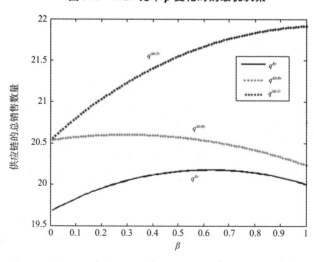

图 3.6 WTP 比率 β 变化时的最优决策

图 3.7 WTP 比率 β 变化时供应链的总销售数量

WTP 比率 β 影响 MrRr 模式和 Rr 模式下制造商销售数量的排序,但 MrTr 模式下制造商的销售数量在所有模式中最高。

(2)由图 3.7 可知,总销售数量的关系是:$q_{2n}^{MrTr} + q_{2t}^{MrTr} + q_{2d}^{MrTr} > q_{2n}^{MrRr} + q_{2r}^{MrRr} + q_{2d}^{MrRr} > q_{2n}^{Rr} + q_{2r}^{Rr}$,MrTr 模式下的总销售数量大于 MrRr 模式和 Rr 模式,因此 MrTr 模式下的消费者剩余大于 MrRr 模式和 Rr 模式下的消费者剩余。当 $\beta < 0.25$ 时,分销商不参与再制造($q_{2r}^{Rr} < 0$)。换句话说,当消费者对购买分销商再制造产品兴趣不大时,分销商无法通过销售再制造产品而获得利润。

(3)由图 3.8 可知,废旧产品回收率的关系是:$\tau^{MrTr} > \tau^{MrRr} > \tau^{Rr}$。由此可得,MrTr 模式下的回收率最高。这样,更多的废旧产品就可以成为再制造产品的投入,从而减少环境污染,实现社会效益的最大化。当 $\beta < 0.25$ 时,分销商不回收任何废旧产品。

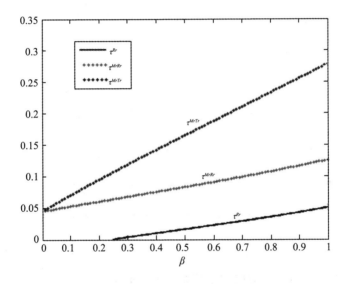

图 3.8　WTP 比率 β 变化时的最优回收率

(4)由图 3.9 可知,制造商在第二阶段的利润关系是:$\pi_{2M}^{MrTr} > \pi_{2M}^{MrRr} > \pi_{2M}^{Rr}$。当 $\beta < 0.28$ 时,$\pi_{2M}^{MrTr} < \pi_{2M}^{Mr}$;当 $0.28 < \beta < 0.85$ 时,$\pi_{2M}^{MrTr} > \pi_{2M}^{Mr} > \pi_{2M}^{MrRr} > \pi_{2M}^{Rr}$;当 $\beta > 0.85$ 时,$\pi_{2M}^{MrTr} > \pi_{2M}^{MrRr} > \pi_{2M}^{Mr} > \pi_{2M}^{Rr}$。我们发现,WTP 比率的阈值 $\beta = 0.28$。当 β 低于阈值时,Mr 模式是制造商的最优选择;当 β 高于阈值时,MrTr 模式是制造商的最优选择,并且存在一个 WTP 比率 β 的范围,在此范围内,MrRr 模式比 Rr 模式和 Mr 模式更适合制造商。

数值计算结果表明,在混合再制造模式下,新产品最优销售数量的排序和制造商的最优利润受 WTP 比率 β 的影响;再制造产品的最优销售数量、总销售数

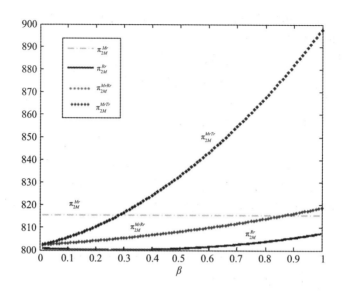

图 3.9 WTP 比率 β 变化时制造商的最优利润

量和回收率的排序与 WTP 比率 β 无关。在 Rr 模式下,当 WTP 比率 β 较小时,分销商不回收任何废旧产品,制造商的利润最低,主要是因为 WTP 比率 β 影响分销商再制造产品的销售数量。此外,Mr 模式的销售数量少于其他模式,而新产品的销售数量随着 WTP 比率 β 的降低而减少。因此,制造商不授权分销商再制造。当 WTP 比率 β 高于阈值时,制造商的利润在 MrTr 模式下是最优的。理性的制造商应该选择回收废旧产品,并与第三方合作。当 WTP 比率 β 低于阈值时,制造商在 Mr 模式下的利润是最优的。再制造的专利许可费在 Rr、MrTr 和 MrRr 模式中受 $\frac{\partial f}{\partial \beta} > 0$ 的影响。这表明专利许可费活跃了新产品市场,刺激了再制造市场,对制造商的盈利能力至关重要。

3.4 结　论

我们通过在一阶段和两阶段再制造供应链中分别建立多种再制造模式,确定了制造商的最优生产决策。我们得到,制造商应该在一阶段和两阶段都参与再制造,这意味着制造商可以通过收取分销商和第三方的专利许可费来提高收入,从而保证双方都获得利润。再制造企业应不断降低成本,以获得再制造专利许可,这将有利于供应链整体长期的可持续发展。考虑到回收率和回收容量约束,其他混合再制造模式的排序将取决于 WTP 比率。如果 WTP 比率提高到一定的阈值以上,制造商将选择第三方作为其联合回收伙伴,从而产生更高的利润、更高的消费者剩余和更高的回收率。如果 WTP 比率足够高,制造商将选择分销商作为再制造的合作伙伴。在这种情况下,制造商应该提高消费者对再制造产品的认识,因为再制造减少资源消耗和废物排放,并产生比混合再制造模式更多的利润。

第4章 企业社会责任下再制造供应链的生产决策与协调机制

4.1 问题的提出

随着时代的发展,受法律法规、环境压力和社会责任的推动,人们越来越关注环境的可持续发展,这也成为成功的供应链管理的重要指标。企业社会责任(CSR)是一种内在动力,不仅为企业股东创造利润,而且强调对环境、消费者和社会的贡献。一方面,企业可以通过回收和再制造环保产品来提升企业的社会责任意识;另一方面,关注企业社会责任意识的消费者可以从环保产品中获得效用。结合社会现状和理论研究的需要,本章考虑企业社会责任因素,对再制造供应链的生产和协调问题进行研究,并考虑了专利许可费对不同消费者和供应链各成员利润的影响。

4.2 CSR下再制造供应链决策和协调模型

我们建立了由单一制造商和单一零售商组成的再制造供应链,其中,制造商通过零售商销售新产品,然后零售商从消费者手中回收废旧产品,并通过再制造回收品后将其转售给消费者。假设市场上存在两种消费者:对企业社会责任敏感的消费者(C型消费者),其占市场容量的比例为 $\rho(0 \leqslant \rho \leqslant 1)$;普通消费者(N型消费者),其占市场容量的比例为 $1-\rho$。C型消费者的特点是:他们可以通过选择具有企业社会责任的制造商生产的产品获得额外的效用,他们购买一单位CSR类型产品获得的效用为: $U_C = v - p_c + Ky_m$。N型消费者只对产品价格敏感,他们购买一单位普通产品获得的效用为: $U_N = v - p_n$。C型消费者购买CSR类型产品的条件是: $U_C > 0$,且 $U_C \geqslant U_N$。N型消费者购买普通产品的条件是: $U_N > 0$,且 $U_N > U_C$,其中 $v \in [0,1]$。通过计算,我们可以得到以下内容:

(1)当 $v - p_c + Ky_m \geqslant v - p_n$ 时,CSR类型产品的市场需求为: $q_c =$

$a\rho(1-p_c+Ky_m)$,普通产品的市场需求为:$q_n=a(1-\rho)(1-p_n)$。

（2）当 $v-p_c+Ky_m<v-p_n$ 时,消费者不会购买 CSR 类型产品,所有消费者都会购买普通产品。在这种情况下,CSR 类型产品的市场需求 $q_c=0$,普通产品的市场需求 $q_n=a(1-p_n)$。表 4.1 列出了模型涉及的参数设置。

表 4.1　模型参数设置

参数	含义
p	零售商设定的单位产品零售价格
ω	制造商设定的单位批发价格
r	废旧产品的回收价格
c_n	新产品的生产成本
Δ	零售商从再制造产品中节省的生产成本
K	社会责任感强度对消费者支付意愿的影响因素
f	制造商允许再制造的专利许可费
y_m	制造商的 CSR 强度
ρ	对 CSR 敏感的消费者的比例
a	市场规模
π_i^j	成员 i 的利润函数,$i\in\{M,R\}$,M 表示制造商,R 表示零售商

4.2.1　外生性 CSR 再制造供应链生产与协调机制

这部分没有区分不同消费者群体,这意味着消费者不知道企业是否具有社会责任。此外,本节还将探讨企业社会责任对专利许可费、回收率和利润的影响。企业社会责任制造商鼓励零售商回收,生产或销售更多再制造产品,同时增加各方的收入。我们使用 $\theta\in[0,1]$ 表示制造商的企业社会责任强度,其中,$\theta=0$ 表示制造商的利益最大化,$\theta=1$ 表示制造商的社会福利最大化。

在制造商的利润函数中,制造商的 CSR 被量化为消费者剩余（consumer surplus,CS）的比例,消费者剩余是指消费者愿意支付的最高价格与实际支付的总价格之差。当需求函数为线性函数 $D=a(1-p)$ 时,消费者剩余 $CS=\int_{(a-D)/a}^{a}(a-ap)dp=\dfrac{D^2}{2a}$。本章使用的一些假设如下:

假设 1　制造商是 Stackelberg 博弈的领导者。

假设 2　再制造产品是来源于零售商从消费者手中回收的废旧产品。为确保零售商从事再制造活动,再制造产品带来的成本节约要大于零,即 $\Delta>0$。

假设 3 再制造产品与制造商生产的新产品相比,在质量和使用功能上没有差异。消费者同等看待这两种产品,并且零售商在市场上以相同的价格出售两种产品。

废旧产品的回收量随回收价格的增加而增加,废旧产品的回收量 G 是回收价格 r 的函数: $G = \alpha + \beta r$,其中, α 表示消费者自愿回收的废旧产品数量, β 表示消费者对回收价格的敏感性程度。

4.2.1.1 分散决策模型分析

制造商授权零售商进行再制造,并收取一定的专利许可费。另外,制造商不得出于回收成本或品牌化的目的而回收或再制造产品。零售商从再制造活动中回收废旧产品,并在获得制造商的专利许可后,将新产品和再制造产品一起出售给消费者。

Stackelberg 博弈的决策顺序如下:(1)作为博弈的领导者,制造商首先决定批发价格 ω 和专利许可费 f 。(2)在获得制造商的专利许可后,零售商确定产品的零售价格 p 和回收价格 r 。当不考虑 CSR 时,制造商的利润函数为:

$$\max_{w,f} \pi_M = (\omega - c_n)(a - ap - \alpha - \beta r) + f(\alpha + \beta r) \tag{4.1}$$

零售商的利润函数为:

$$\max_{p,r} \pi_R = (p - \omega)(a - ap - \alpha - \beta r) + (p - c_n + \Delta)$$
$$(\alpha + \beta r) - (f + r)(\alpha + \beta r) \tag{4.2}$$

当考虑 CSR 时,制造商的利润函数为:

$$\max_{w,r} v_M = (\omega - c_n)(a - ap - \alpha - \beta r) + f(\alpha + \beta r) + \theta \frac{D^2}{2a} \tag{4.3}$$

由逆向归纳法可以得到命题 1。

命题 1 在分散决策下,制造商和零售商的利润函数都是凹函数,通过逆向归纳法可以得到,最优批发价格为: $\omega^* = \dfrac{2 - \theta + 2c_n}{4 - \theta}$,最优零售价格为: $p^* = \dfrac{3 - \theta + c_n}{4 - \theta}$,最优回收价格为: $r^* = \dfrac{\beta\Delta - 3\alpha}{4\beta}$,最优专利许可费为:

$$f^* = \frac{4\beta + 4\alpha - 2\beta\theta - \alpha\theta - 4\beta c_n + 4\beta\Delta + 2\beta c_n\theta - \beta\theta\Delta}{2\beta(4 - \theta)} \, .$$

在命题 1 下,当考虑 CSR 时,制造商的最大利润为:

$$v_M^* = \frac{a\alpha^2 + 2a\alpha\beta\Delta - 4\beta\alpha^2}{8} + \frac{\beta^2\Delta^2}{\alpha\beta} - \alpha^2\beta c_n + \frac{ac_n^2}{2(4 - \theta)} \tag{4.4}$$

零售商的最大利润为:

$$\pi_R^* = \frac{(\beta\Delta+\alpha)^2}{16\beta} + \frac{\alpha^2 - 2a^2c_n + a^2c_n^2}{a(4-\theta)^2} \tag{4.5}$$

供应链整体的最大利润为：

$$v^* = \frac{(\beta\Delta+\alpha)^2}{16\beta} + \frac{\alpha^2 - 2a^2c_n + a^2c_n^2}{a(4-\theta)^2} + \frac{a\alpha^2 + 2a\alpha\beta\Delta - 4\beta\alpha^2}{8} + \frac{\beta^2\Delta^2}{\alpha\beta}$$

$$- \alpha^2\beta c_n + \frac{ac_n^2}{2(4-\theta)} \tag{4.6}$$

消费者剩余为：

$$CS = \frac{a(1-c_n)^2}{2(4-\theta)^2} \tag{4.7}$$

通过对以上计算结果的分析，可以得到结论 1：

结论 1　（1）随着新产品成本的增加，批发价格和零售价格均上升，制造商收取的最优专利许可费减少，制造商和零售商的利润减少，供应链整体的利润减少。

（2）随着再制造带来的成本节约的增加，废旧产品的回收价格和回收量均增加，制造商收取的专利许可费增加，制造商、零售商和供应链整体的利润均增加。

（3）当制造商表现出更强的企业社会责任时，产品的批发价格和零售价格降低，制造商的利润增加，专利许可费降低，零售商利润增加，消费者剩余增加。

4.2.1.2　集中决策模型分析

在集中决策模型下，当不考虑 CSR 时，供应链整体的利润函数为：

$$\max_{p_c,r_c}\pi_c = (p_c-c_n)(a-ap) + (\Delta-r_c)(\alpha+\beta r_c) \tag{4.8}$$

当考虑制造商具有 CSR 时，供应链整体的利润函数为：

$$\max_{p_c,r_c}v_c = (p_c-c_n)(a-ap) + (\Delta-r_c)(\alpha+\beta r_c) + \theta\frac{D^2}{2a} \tag{4.9}$$

在公式 4.8 中，作关于 p_c 和 r_c 的一阶、二阶偏导和二阶混合偏导，可得到 Hessian 矩阵，并令其一阶偏导等于零，可以得到 p_c 和 r_c 的最优解。

$$H_c = \begin{bmatrix} -2\beta & -2\beta \\ 0 & a\theta-2a \end{bmatrix} \tag{4.10}$$

在 Hessian 矩阵中，$H_c > 0$，$2-\theta > 0$，这说明集中决策下供应链整体的利润函数是凹函数。通过逆向归纳法可以得到命题 2。

命题 2　集中决策下供应链整体的利润函数是关于 p_c 和 r_c 的凹函数，并且最优零售价格和最优回收价格分别为：$p_c^* = \dfrac{1-\theta+c_n}{2-\theta}$，$r_c^* = \dfrac{\beta\Delta-\alpha}{2\beta}$。

集中决策下供应链整体的最大利润为：

$$v_c^* = \frac{2a\beta + 2\alpha^2 + 2\alpha\beta c_n^2 + 2\beta^2\Delta^2 - \beta\alpha^2 - \theta\beta^2\Delta^2 - 4\beta c_n + 4\alpha\beta\Delta - 2\beta\Delta\theta}{4\beta(2-\theta)}$$

(4.11)

4.2.1.3 收益共享协调机制

传统上,制造商和零售商都是独立决策以最大化他们的利益。然而,一个有效的供应链网络要求实现协调合作,因此在制造商和零售商之间需要构建一个协调机制。本章制定了一个收益共享契约(revenue sharing,RS),即制造商确定一个批发价格,并从零售商处获得固定比例的收益分成。这个收益共享契约设置一个收益共享比例参数 λ,制造商获得零售商 $1-\lambda$ 的收益分成。

命题 3 根据收益共享契约,当不考虑 CSR 时,制造商和零售商的利润函数分别为:

$$\pi_M = (1-\lambda)p(a-ap) + (\omega-c_n)(a-ap-\alpha-\beta r) + f(a+\beta r)$$

(4.12)

$$\pi_R = (\lambda p - \omega)(a-ap) + (\omega - c_n + \Delta)(\alpha + \beta r) - (f+r)(\alpha + \beta r)$$

(4.13)

当考虑 CSR 时,制造商的利润函数为:

$$v_M = (1-\lambda)p(a-ap) + (\omega-c_n)(a-ap-\alpha-\beta r) + f(a+\beta r) + \frac{\theta(a-ap)^2}{2a}$$

(4.14)

当实施收益共享契约时,制造商给零售商提供的最优批发价格和最优专利许可费为:

$$(\omega^{co}, f^{co}) = \left(\frac{2c_n-\theta}{2-\theta}\lambda, \frac{2c_n-\theta}{2-\theta}\lambda - c_n\right)$$

(4.15)

其中,收益共享比例参数 λ 需要满足 $\lambda_1 < \lambda < \lambda_2$,且

$$\lambda_1 = \frac{(2-\theta)^2 [16(a-ac_n)^2 - 3a(4-\theta)^2(\alpha+\beta\Delta)^2]}{16\beta(4-\theta)^2(a-ac_n)^2}$$

(4.16)

$$\lambda_2 = -\left[\frac{(1-c_n)^2}{2(\theta-2)} + \frac{4\beta(1-c_n)^2 + (4-\theta)(\alpha+\beta\Delta)^2 - 3\beta^2\Delta^2\theta}{8\beta(4-\theta)}\right]\frac{(2-\theta)^2}{(a-ac_n)^2}$$

(4.17)

在这种情况下,再制造供应链可以通过收益共享契约实现协调。在命题 3 下,零售商的利润函数为:

$$\pi_R = (\lambda p - \omega)(a-ap) + (\omega - c_n + \Delta)(\alpha + \beta r) - (f+r)(\alpha + \beta r)$$

(4.18)

在上式中，对 p 和 r 作一阶偏导，并令其为零，得到 $p^{co}=\dfrac{\lambda+\omega}{2\lambda}$，$r^{co}=$

$\dfrac{-\alpha+\beta(\omega+\Delta-f-c_n)}{2\beta}$。要使再制造供应链在收益共享契约下的利润与集中

决策下的利润相同，需要满足以下两个条件：

$$\frac{\lambda+\omega}{2\lambda}=\frac{\alpha-\alpha\theta+\alpha c_n}{2a-a\theta} \tag{4.19}$$

$$\frac{-\alpha+\beta(\omega+\Delta-f-c_n)-\alpha\theta}{2\beta}=\frac{\beta\Delta-\alpha}{2\beta} \tag{4.20}$$

由此可得到制造商的最优批发价和最优专利许可费分别为：

$$\omega^{co}=\frac{2c_n-\theta}{2-\theta}\lambda \tag{4.21}$$

$$f^{co}=\frac{2c_n-\theta}{2-\theta}\lambda-c_n \tag{4.22}$$

此时，制造商和零售商的最大利润分别为：

$$v_M^{co}=\frac{a(1-c_n)^2(\theta+2\lambda-2)}{2(2-\theta)^2} \tag{4.23}$$

$$\pi_R^{co}=\frac{4a\lambda\beta(1-c_n)^2+(2-\theta)^2(\alpha+\beta\Delta)^2}{4\beta(2-\theta)^2} \tag{4.24}$$

双方订立契约的条件是：$v_M^{co}>v_M^*$，随后可以得到 $\lambda_1<\lambda<\lambda_2$

$$\lambda_1=\frac{(2-\theta)^2\left[16(a-ac_n)^2-3a(4-\theta)^2(\alpha+\beta\Delta)^2\right]}{16\beta(4-\theta)^2(a-ac_n)^2} \tag{4.25}$$

$$\lambda_2=-\left[\frac{(1-c_n)^2}{2(\theta-2)}+\frac{4\beta(1-c_n)^2+(4-\theta)(\alpha+\beta\Delta)^2-3\beta^2\Delta^2\theta}{8\beta(4-\theta)}\right]\frac{(2-\theta)^2}{(a-ac_n)^2}$$
$$\tag{4.26}$$

命题 4　在共享收益契约下，满足以下关系：$p^{co}<p^*$，$w^{co}<w^*$，$f^{co}<f^*$，$r^{co}<r^*$，$\pi_R^{co}<\pi_R^*$，$v_m^{co}>v_m^*$。

命题 4 说明，实施收益共享契约后，制造商会更加关注企业社会责任，并降低批发价格和产品专利许可费，从而增加产品销量。产品销量与制造商的企业社会责任水平成正比。此外，零售商的回收热情增加，响应制造商的策略，降低零售价格，以鼓励消费者购买更多产品，并且加大了从消费者手中回收废旧产品的力度。因此，制造商的企业社会责任会影响零售商的决策，并通过影响价格进一步影响其决策。在集中决策下，当企业社会责任增加时，制造商会降低产品的批发价格，并且集中决策下的零售价格要低于分散决策下的零售价格。因此，在集中决策下，消费者对产品的需求量更高。显然，零售商将在集中决策的基础上

加大力度回收废旧产品。在集中决策模式下,制造商、零售商和供应链整体的利润要高于分散决策模式下的利润,即通过实施收益共享契约,整个再制造供应链实现了协调。

同时,消费者可以以更低的价格购买新产品,并以更高的价格出售废旧产品,这大大提高了消费者效用,实现了企业和消费者的双赢。

4.2.1.4 算例和灵敏度分析

基于以上结论进行算例和灵敏度分析。产品的市场需求函数为:$D(p) = 100(1-p)$,产品的供给函数为:$G(r) = 0.8 + 10r$,新产品的生产成本为:$c_n = 0.5$。表4.2和表4.3说明了整个再制造供应链系统在不同情形下的决策结果。

表4.2 分散决策下再制造供应链系统决策结果

参数变化		ω	p	f	π_R	v_M
$\Delta = 0.3$	$\theta = 0.2$	0.7368	0.8684	0.4268	1.8216	3.4700
$\Delta = 0.3$	$\theta = 0.5$	0.7143	0.8751	0.4043	2.1311	3.7519
$\Delta = 0.3$	$\theta = 0.8$	0.6875	0.8438	0.3775	2.5317	4.0868
$\Delta = 0.4$	$\theta = 0.2$	0.7368	0.8684	0.4768	1.8753	3.5775
$\Delta = 0.4$	$\theta = 0.5$	0.7143	0.8571	0.4543	2.1848	3.8594
$\Delta = 0.4$	$\theta = 0.8$	0.6875	0.8438	0.4275	2.5854	4.1942

表4.3 收益共享契约下再制造供应链系统协调决策结果

参数变化		ω^{co}	r^{co}	f^{co}	π_R^{co}	v_M^{co}
$\Delta = 0.3$	$\lambda_1 = 0.2209$	0.0982	0.11	0.4018	1.8216	5.4839
$\theta = 0.2$	$\lambda_2 = 0.4503$	0.2001	0.11	0.2999	3.8355	3.4700
$\Delta = 0.4$	$\lambda_1 = 0.1448$	0.0483	0.16	0.4517	2.1848	6.7245
$\theta = 0.5$	$\lambda_2 = 0.4027$	0.1420	0.16	0.3658	5.0499	3.8594
$\Delta = 0.4$	$\lambda_1 = 0.1157$	0.0193	0.16	0.4807	2.5854	8.4073
$\theta = 0.8$	$\lambda_2 = 0.3584$	0.0597	0.16	0.4403	6.7948	4.1942

如表4.2所示,在分散决策下,随着制造商企业社会责任意识的提高,制造商和零售商的利润均增加,制造商会降低产品的专利许可费和产品批发价格,使得零售商可以降低产品零售价格,并增加消费者需求。随着再制造节约成本的增加,零售商的废旧产品回收价格提高。如果制造商收取更高的专利许可费,则制造商和零售商的收益都会增加。从表4.3中可以看出,随着收益共享比例的增加,制造商的批发价格上升,专利许可费减少,零售商的收益增加,而制造商的收益减少。

对关键参数c_n和θ进行灵敏度分析,以检验所构建模型的稳定性。图4.1为

新产品生产成本 c_n 对批发价格 ω、零售价格 p 和专利许可费 f 影响的示意图。当新产品生产成本增加时,批发价格和零售价格均增加,产品专利许可费降低。当新产品的生产成本较高时,制造商会降低专利许可费,以鼓励零售商生产和回收更多废旧产品以增加收益。图 4.2 为参数 θ 对批发价格 ω、零售价格 p 和专利许可费 f 影响的示意图。随着企业社会责任水平 θ 的增加,产品批发价格、零售价格和专利许可费均降低。当制造商的企业社会责任更强时,产品价格将更低,产品销量更高,制造商和零售商的利润均增加。制造商将减少专利许可费,鼓励零售商重新制造和再制造。因此,专利许可费是制造商的重要调整工具。

从图 4.3 可以看出,在收益共享契约下,整个再制造供应链的利润增加了,相比于分散决策,制造商和零售商的利润也增加了,基于补偿的整体价格机制可以激励零售商参与到集中决策中来。

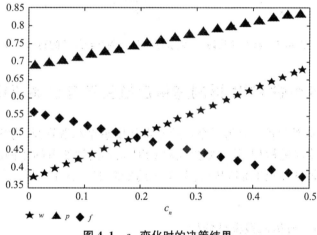

图 4.1　c_n 变化时的决策结果

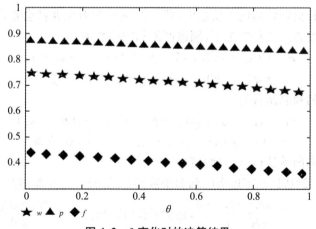

图 4.2　θ 变化时的决策结果

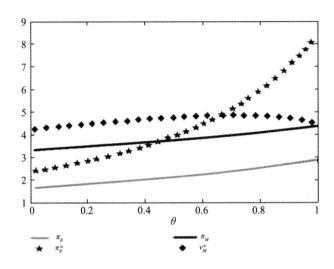

图 4.3　当 θ 变化时,分散决策和收益共享契约下的利润比较

4.2.2　内生性 CSR 再制造供应链生产与协调机制

这部分将消费者区分为对企业社会责任敏感型和普通型,考虑内生性 CSR 构建再制造供应链模型,并主要探究对 CSR 敏感的消费者的比例对 CSR 水平、再制造供应链各成员利润和收益共享契约的影响。表 4.1 展示了已有的参数设置。

4.2.2.1　分散决策模型分析

当企业社会责任是内生变量时,将市场区分为对企业社会责任敏感的消费者和普通消费者。这种情况下,制造商的利润函数为:

$$\pi_M = (\omega_c - c_n) a p (1 - p_c + K y_m) + (\omega_n - c_n)$$
$$\times a(1-p)(1-p_n) + f(\alpha + \beta r) - y_m^2 \tag{4.27}$$

零售商的利润函数为:

$$\pi_R = (p_c - \omega_c) a \rho (1 - p_c + K y_m) + (p_n - \omega_n)$$
$$\times a(1-\rho)(1-p_n) + (\Delta - f - r)(\alpha + \beta r) \tag{4.28}$$

通过逆向归纳法可以得到命题 5。

命题 5　制造商和零售商的利润函数都是凹函数,CSR 类型产品的最优批发价格为: $\omega_c = -\dfrac{-ac_n \rho K^2 + 4c_n + 4}{a\rho K^2 - 8}$,最优零售价格为: $p_c = -\dfrac{2c_n - ac_n \rho K^2 + 6}{a\rho K^2 - 8}$;普通

产品的最优批发价格为：$\omega_n = \dfrac{1+c_n}{2}$，最优零售价格为：$p_n = \dfrac{3+c_n}{4}$；最优回收价格为：$r = -\dfrac{3\alpha - \beta\Delta}{4}$；最优专利许可费：$f = \dfrac{\alpha + \beta\Delta}{2\beta}$；制造商的最优 CSR 强度为：

$y_m = -\dfrac{aK\rho(1-c_n)}{a\rho K^2 - 8}$。由 $p_c > 0, y_m > 0, 0 < c_n < 1$ 可以得到：$a\rho K^2 < 8$。

结论 2　(1)随着产品生产成本的增加，普通产品的零售价格和批发价格均随之增加。当 $a\rho K^2 < 4$ 时，CSR 类型产品的批发价格随之增加；当 $4 < a\rho K^2 < 8$ 时，CSR 类型产品的批发价格随之降低。当 $a\rho K^2 < 2$ 时，CSR 类型产品的零售价格随产品生产成本的增加而增加；当 $2 < a\rho K^2 < 8$，CSR 类型产品的零售价格随产品生产成本的增加而降低。最优专利许可费和最优回收价格不受产品生产成本的影响，制造商的 CSR 水平随着产品成本的增加而降低。

(2)随着再制造节约成本的增加，废旧产品的回收价格和回收量都增加，专利许可费增加，制造商、零售商和供应链整体的利润均增加。

(3)随着对企业社会责任敏感的消费者比例的增加，CSR 类型产品的批发价格和零售价格均上升，制造商的 CSR 水平提高，制造商和零售商的利润均上升。

(4)$\omega_n < \omega_c, p_n < p_c$，CSR 类型产品的批发价格和零售价格均比普通产品的更高。

4.2.2.2　集中决策模型分析

在集中决策模型下，供应链整体的利润函数为：

$$\pi = a\rho(p_c - c_n)(1 - p_c + Ky_m) + a(p_n - c_n)(1 - \rho)(1 - p_n)$$
$$+ (\Delta - r)(\alpha + \beta r) - y_m^2 \qquad (4.29)$$

命题 6　在集中决策下，供应链整体的利润函数是关于 p_c、p_n 和 r 的凹函数，三者的最优解为：$(p_c^*, p_n^*, r^*) = \left(-\dfrac{2 - ac_n\rho K^2 + 2c_n}{a\rho K^2 - 4}, \dfrac{1+c_n}{2}, \dfrac{\beta\Delta - \alpha}{2\beta} \right)$。

命题 7　分散决策和集中决策下最优解结果的比较：$p_n > p_n^*, r^* < r$；当 $a\rho K^2 < 2$ 时，$p_c > p_c^*$；当 $2 < a\rho K^2 < 8$ 时，$p_c < p_c^*$。

结论 3　(1)随着再制造节省的成本的增加，整个供应链的最大收益增加，产品的回收价格也增加。

(2)随着对企业社会责任敏感的消费者比例的增加，CSR 类型产品的销售价格上升，供应链整体收益增加。

4.2.2.3 收益共享协调机制

收益共享契约仍然适用于内生性 CSR 的情况。在收益共享契约下,制造商给定一个批发价格,并要求从零售商手中获得一定比例的利益分成。设定收益共享契约下的利益分成参数为 λ,且 $\lambda \in (0,1)$,制造商获得利益分成比例为 $1-\lambda$。

这种情形下,制造商的利润函数为:

$$\pi_M = (1-\lambda)[p_c a\rho(1-p_c+Ky_m)+p_n a(1-\rho)(1-p_n)]+(\omega_c-c_n)$$
$$\times a\rho(1-p_c+Ky_m)+(\omega_n-c_n)a(1-\rho)(1-p_n)+f(\alpha+\beta r)-y_m^2 \tag{4.30}$$

零售商的利润函数为:

$$\pi_R = (\lambda p_c-\omega_c)a\rho(1-p_c+Ky_m)+(\lambda p_n-\omega_n)a(1-\rho)(1-p_n)$$
$$+(\Delta-f-r)(\alpha+\beta r) \tag{4.31}$$

命题 8 当制造商给定的批发价格为:$\omega_c = -2\lambda\left(\dfrac{2+2c_n-ac_n\rho K^2}{a\rho K^2-4}+\dfrac{\lambda+K\lambda y_m}{2\lambda}\right)$,$\omega_n=\lambda c_n$,给定的产品专利许可费为:$f=\dfrac{\alpha+\beta\Delta}{2\beta}$ 时,再制造供应链可以实现协调。

零售商的利润函数为:

$$\pi_R = (\lambda p_c-\omega_c)a\rho(1-p_c+Ky_m)+(\lambda p_n-\omega_n)a(1-\rho)(1-p_n)$$
$$+(\Delta-f-r)(\alpha+\beta r) \tag{4.32}$$

在上式中,对 p_c、p_n 和 r 作一阶偏导,并令其为零,得到:$p_c=\dfrac{\lambda+\omega_c+K\lambda y_m}{2\lambda}$,$p_n=\dfrac{\lambda+\omega_n}{2\lambda}$ 和 $r=-\dfrac{\alpha-\beta\Delta}{2\beta}$。要使再制造供应链在收益共享契约下的利润与集中决策下的利润相同,需要满足以下两个条件:

$$\frac{\lambda+\omega_c+K\lambda y_m}{2\lambda} = -\frac{2+2c_n-ac_n\rho K^2}{a\rho K^2-4} \tag{4.33}$$

$$\frac{\lambda+\omega_n}{2\lambda} = \frac{1+c_n}{2} \tag{4.34}$$

由此可得到制造商的最优批发价格和最优专利许可费分别为:

$$\omega_c = -2\lambda\left(\frac{2+2c_n-ac_n\rho K^2}{a\rho K^2-4}+\frac{\lambda+K\lambda y_m}{2\lambda}\right) \tag{4.35}$$

$$\omega_n = \lambda c_n \tag{4.36}$$

$$f = \frac{\alpha + \beta\Delta}{2\beta} \tag{4.37}$$

收益共享契约下的总利润应大于分散决策下的总利润,即:$(\pi_M + \pi_R)^{co} >$ $(\pi_M + \pi_R)^*$,通过这个条件,我们可以得到 λ_1 和 λ_2,并且可以检查知道满足 $\lambda_1 < \lambda < \lambda_2$。

4.2.3　灵敏度分析

根据表 4.2 和表 4.3 中的数据,$a = 100, G(r) = 0.8 + 10r, c_n = 0.5, \Delta = 0.3, K = 0.2$。接下来,对关键参数 ρ 进行灵敏度分析,以检查所构建模型的性能。图 4.4 展示了 ρ 对 y_m 的影响,图 4.5 展示了 ρ 对分散和收益共享契约下制造商和零售商的利润的影响。随着对企业社会责任敏感的消费者比例 ρ 的增加,企业的 CSR 水平 y_m 显著提高,制造商和零售商的利润也都增加,而且收益共享契约下的利润变化比分散决策下的利润变化更多。

比较命题 1 和命题 5 中的批发价格、专利许可费和利润,我们可以知道:$\omega^* < \omega_n < \omega_c, p^* < p_n < p_c, f^* > f$。内生性 CSR 模型中任何产品的价格都高于外生性 CSR 模型中的价格,这意味着制造商的 CSR 水平会对 CSR 敏感的消费者产生影响,并进一步影响消费者的价格敏感性。内生性 CSR 模型中的专利许可费较低,这是由制造商设定的,以鼓励零售商进行回收和再制造。但是,外生性 CSR 模型中的制造商和零售商的利润不一定比内生性 CSR 模型中的更高。

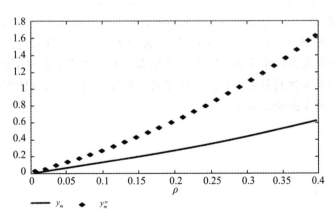

图 4.4　当 ρ 变化时,分散决策和集中决策下的最优 CSR 结果

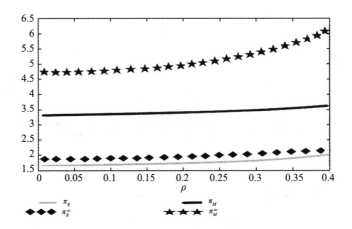

图 4.5　当 ρ 变化时，分散决策和收益共享契约下的利润比较

4.3　结　论

本章通过设定内生性 CSR 和外生性 CSR 假设来研究再制造供应链的生产和协调问题。提高 CSR 强度可以有效提高制造商和零售商的收入，专利许可费对调节制造商的收入和鼓励零售商进行再制造具有重要的监管作用。考虑到具有企业社会责任的再制造供应链比传统的利润最大化供应链更具竞争力，在实践中，提高消费者的社会责任意识，和企业的社会责任水平，可以实现收入和社会福利的双赢局面。采用收益共享契约可以协调企业社会责任下的再制造供应链。对两个模型的结果进行比较和讨论，我们还获得了一些管理上的见解。制造商的企业社会责任水平会影响批发价格和专利许可费，这一结果与供应链单纯追求利润最大化有显著差异。灵敏度分析的结果表明，可以使用基于补偿的批发价格机制来协调供应链。

第5章 消费者支付差异下企业社会责任的再制造供应链决策

5.1 问题的提出

随着全球资源的短缺和社会对可持续发展的呼唤,再制造供应链和企业社会责任引起了学者的广泛关注。本章研究了制造商和零售商的企业社会责任(CSR)再制造供应链,其中,制造商根据支付意愿(WTP)差异回收废旧产品。利用 Stackelberg 博弈方法分析了企业社会责任活动的制造商,并考虑了在两种不同企业社会责任水平模型下的产品价格、回收率、消费者剩余和供应链各成员的利润。为了激励供应链中的参与者参与企业社会责任活动,我们考虑了收益共享契约。从 WTP 差异的角度出发,本章研究了企业社会责任再制造活动,这对经济的可持续发展具有重要影响。

5.2 消费者支付差异下 CSR 再制造供应链模型

5.2.1 模型表示与假设

本节模型的主要参数表示和含义如表 5.1 所示。

表 5.1 模型的主要参数表示和含义

参数	含义
p_i^j	产品的单位零售价格
ω_i^j	产品的单位批发价格
c_i	单位生产成本
k	回收比例参数

续表

参数	含义
ε	消费者对新产品和再制造产品的支付意愿,$0<\varepsilon<1$
Q	市场容量
c	制造商支付给消费者的单位回收价格
α	企业社会责任水平,$0\leqslant\alpha\leqslant1$
C^j	消费者剩余
τ^j	消费者使用过的废旧产品的回收率,$0<\tau<1$
π_n^j	模型 j 中的 n 的利润函数
v_n^j	模型 j 中的 n 的总利润函数
i,n,j	$i=\{m,r\}$ 分别表示新产品和再制造产品;$n=\{r,m,c\}$ 分别表示零售商、制造商和供应链整体;$j=\{C,D\}$ 分别表示集中决策模型和分散决策模型

假设 1 新产品的单位生产成本比使用废旧产品生产再制造产品的成本要高,也就是说:$c_m>c_r$。τ 在 $(0,1)$ 的范围内,表示废旧产品回收率。制造商负责回收废旧产品,其所有的回收成本可以表示为:$k\tau^2+c\tau(q_m+q_r)$,其中,c 是给予返还废旧产品的消费者的固定费用,是模型的外生变量。所有回收产品都可以再制造,并且完全满足再制造的原材料要求。

假设 2 $q_r=\dfrac{\varepsilon p_m-p_r}{\varepsilon-\varepsilon^2}$ 表示再制造产品的需求函数;$q_m=Q-\dfrac{p_m-p_r}{1-\varepsilon}$ 表示新产品的需求函数,并且有 $0<\varepsilon<1$ 和 $p_m>p_r$,这意味着与新产品相比,再制造产品的支付意愿更低。

假设 3 CSR 是通过其利益相关者的消费者剩余来表示的。消费者剩余是指消费者愿意为某种产品支付的最高价格与他们实际为该产品支付的市场价格之间的差额。结合假设 2,消费者剩余可以表示为:$\displaystyle\int_{p_{r\min}}^{p_{r\max}}\left(Q-\dfrac{p_r}{\varepsilon}\right)dp_r=\dfrac{(\varepsilon Q-p_r)^2}{2\varepsilon}$。

假设 4 在 Stackelberg 博弈模型中,制造商充当领导者,零售商则充当追随者,决策过程遵循此原则。当两个参与者不同时行动时,后者可以确切地知道前者的动作,然后采取自己的行动。假设存在信息对称性且风险为中性。

5.2.2　CSR 下再制造供应链分散决策模型

分散决策下,根据制造商的策略,零售商将采取措施以实现利润最大化。

零售商的利润函数为:

$$\pi_r^D = (p_m - w_m)\left(Q - \frac{p_m - p_r}{1-\varepsilon}\right) + (p_r - w_r)\frac{\varepsilon p_m - p_r}{\varepsilon(1-\varepsilon)} \tag{5.1}$$

制造商的利润函数为;

$$\pi_m^D = (w_m - c_m)\left(Q - \frac{p_m - p_r}{1-\varepsilon}\right) + (w_r - c_r)\frac{\varepsilon p_m - p_r}{\varepsilon(1-\varepsilon)} - k\tau^2 - c\tau\left(Q - \frac{p_r}{\varepsilon}\right) \tag{5.2}$$

制造商的总利润函数为:

$$v_m^D = (w_m - c_m)\left(Q - \frac{p_m - p_r}{1-\varepsilon}\right) + (w_r - c_r)\frac{\varepsilon p_m - p_r}{\varepsilon(1-\varepsilon)}$$
$$- k\tau^2 - c\tau\left(Q - \frac{p_r}{\varepsilon}\right) + \frac{\alpha(\varepsilon Q - p_r)^2}{2\varepsilon} \tag{5.3}$$

零售商决定零售价格,制造商根据零售商决策决定批发价格和回收率。所有变量决策结果见表 5.2。

表 5.2　集中决策模型和分散决策模型下的最优解

参数	最优决策	
	集中决策模型	分散决策模型
w_m^*	/	$\dfrac{M + 2k\alpha\varepsilon L}{2(N + 2k\alpha\varepsilon)}$
w_r^*	/	$\dfrac{H + 2k\alpha\varepsilon^2 Q}{N + 2k\alpha\varepsilon}$
p_m^*	$\dfrac{M + 4k\varepsilon Q + 4k\varepsilon c_m + 2k\alpha\varepsilon L}{2(N + 4k\varepsilon + 2k\alpha\varepsilon)}$	$\dfrac{Q}{2} + \dfrac{M + 2k\alpha\varepsilon L}{4(N + 2k\alpha\varepsilon)}$
p_r^*	$\dfrac{H + 2k\varepsilon c_r + 2k\varepsilon^2 Q + 2k\alpha\varepsilon^2 Q}{N + 4k\varepsilon + 2k\alpha\varepsilon}$	$\dfrac{\varepsilon Q}{2} + \dfrac{H + 2k\alpha\varepsilon^2 Q}{2(N + 2k\alpha\varepsilon)}$
τ^*	$\dfrac{c(\varepsilon Q - c_r)}{N + 4k\varepsilon + 2k\alpha\varepsilon}$	$\dfrac{c(\varepsilon Q - c_r)}{N + 2k\alpha\varepsilon}$
C^*	$\dfrac{(\varepsilon Q(N + 4k\varepsilon + 2k\alpha\varepsilon) - (H + 2k\varepsilon c_r + 2k\varepsilon^2 Q + 2k\alpha\varepsilon^2 Q))^2}{2\varepsilon(N + 4k\varepsilon + 2k\alpha\varepsilon)^2}$	$\dfrac{(\varepsilon Q(2N + 4k\varepsilon) - 2(H + 2k\alpha\varepsilon^2 Q))^2}{32\varepsilon(N + 2k\alpha\varepsilon)^2}$
π_r^*	/	$\dfrac{X + Y}{16\varepsilon(1-\varepsilon)(N + 2k\alpha\varepsilon)^2} + \dfrac{Q^2}{4}$
v^*	$\dfrac{X_3 + Y_3 + 2Z(N + 4k\varepsilon + 2k\alpha\varepsilon)}{4\varepsilon(1-\varepsilon)(N + 4k\varepsilon + 2k\alpha\varepsilon)^2} + \dfrac{\alpha\varepsilon Q^2 - 2c_m Q}{2}$	$\dfrac{X_1 + X_2 + 4(N + 2k\alpha\varepsilon)(Y_1 + Y_2)}{16\varepsilon(1-\varepsilon)(N + 2k\alpha\varepsilon)^2} + \dfrac{\alpha\varepsilon Q^2 - 4c_m Q}{8}$
π_m^*	$v^{C*} - \alpha C^*$	$v^{D*} - \alpha C^*$

其中:

$$M = c^2 L - 8k\varepsilon(Q + c_m)$$

$$N = c^2 - 8k\varepsilon$$

$$L = \varepsilon Q + Q + c_m - c_r$$

$$H = c^2 \varepsilon Q - 4k\varepsilon c_r - 4k\varepsilon^2 Q$$

需要注意的是,下面的分析过程思路比较简单,但结果却比较复杂。

我们将 X,Y,X_1,Y_1,X_2,Y_2,X_3 和 Y_3 记为:

$X = 16k^2\alpha^2\varepsilon^4 Q^2 - 32k^2\alpha^2\varepsilon^4 QL + 16k\alpha\varepsilon^3 QM + 4k^2\alpha^2\varepsilon^3 L^2 + 4k\alpha\varepsilon^2 LM - 8k\alpha\varepsilon^2 LH + 16k\alpha\varepsilon^2 QH + \varepsilon M^2 - 4\varepsilon HM + 4H^2$

$Y = 2\varepsilon(N + 2k\alpha\varepsilon)(3k\alpha\varepsilon^2 LQ - 3k\alpha\varepsilon LQ + 2\varepsilon MQ - 2MQ)$

$X_1 = 2\varepsilon(-M^2 - 4k\alpha\varepsilon LM + 4HM + 8k\alpha\varepsilon^2 QM - 4k^2\alpha^2\varepsilon^2 L^2 + 8k\alpha\varepsilon LH + 16k^2\alpha^2\varepsilon^3 LQ - 16k\alpha\varepsilon QH - 16k^2\alpha^2\varepsilon^3 Q^2)$,

$X_2 = 16\varepsilon(1-\varepsilon)kc^2(\varepsilon Q - c_r)^2 - 8H^2 - 8(1-\varepsilon)c^2 c_r H + 8\varepsilon(1-\varepsilon)(c^2 HQ + k^2\alpha^3\varepsilon^2 Q^2 + k\alpha^2\varepsilon QH) + 2(1-\varepsilon)\alpha H^2$

$Y_1 = \varepsilon(1-\varepsilon)QM + 2\varepsilon^2(1-\varepsilon)k\alpha LQ + (1-\varepsilon)c_m M + 2k\alpha c_m \varepsilon^2 L - 2c_m\varepsilon H - 4k\alpha c_m\varepsilon^3 Q - \varepsilon c_r M - 2k\alpha c_r\varepsilon^2 L$

$Y_2 = 2c_r H + 4k\alpha c_r\varepsilon^2 Q + 2\varepsilon(1-\varepsilon)c_r c^2 Q - 4(1-\varepsilon)k\alpha c_r c^2\varepsilon^2 Q - 2(1-\varepsilon)c^2\varepsilon^2 Q^2 + 4(1-\varepsilon)k\alpha c^2\varepsilon^3 Q^2 - \varepsilon(1-\varepsilon)\alpha QH - 2(1-\varepsilon)k\alpha^2\varepsilon^3 Q^2$

$X_3 = [2\alpha(1-\varepsilon) - 4](H + 2kc_r\varepsilon + 2k\varepsilon^2 Q + 2k\alpha\varepsilon^2 Q)^2 + 4(1-\varepsilon)(\varepsilon Q - c_r)c^2(H + 2k\varepsilon c_r + 2k\varepsilon^2 Q + 2k\alpha\varepsilon^2 Q)$

$Y_3 = -\varepsilon(M + 4k\varepsilon Q + 4k\varepsilon c_m + 2k\alpha\varepsilon L)^2 + 4\varepsilon(M + 4k\varepsilon Q + 4k\varepsilon c_m + 2k\alpha\varepsilon L)(H + 2k\varepsilon c_r + 2k\varepsilon^2 Q + 2k\alpha\varepsilon^2 Q) - 4\varepsilon(1-\varepsilon)kc^2(\varepsilon Q - c_r)^2$

在分散决策模型中,求解供应链成员的利润函数。首先,对公式(5.1)中的 p_m 和 p_r 求一阶偏导,得到:

$$\frac{\partial \pi_r^D}{\partial p_m} = \left(Q - \frac{p_m - p_r}{1-\varepsilon}\right) - \frac{p_m - w_m}{1-\varepsilon} + \frac{p_r - w_r}{1-\varepsilon} \tag{5.4}$$

$$\frac{\partial \pi_r^D}{\partial p_r} = \frac{p_m - w_m}{1-\varepsilon} + \frac{\varepsilon p_m - p_r}{1-\varepsilon} - \frac{p_r - w_r}{\varepsilon(1-\varepsilon)} \tag{5.5}$$

令(5.4)和(5.5)等于零,可以得到:

$$p_m^{D*} = \frac{Q + w_m^D}{2} \ , p_r^{D*} = \frac{\varepsilon Q + w_r^D}{2} \tag{5.6}$$

零售商利润函数的 Hessian 矩阵为负定,因此此利润函数为凹函数,即式(5.1)有最优解。将式(5.6)代入式(5.3),并对 w_m, w_r, τ 作一阶偏导可得:

$$\frac{\partial v_m^D}{\partial w_m} = \frac{Q - \varepsilon Q - 2w_m + 2w_r + c_m - c_r}{2(1-\varepsilon)} \tag{5.7}$$

$$\frac{\partial v_m^D}{\partial w_r} = \frac{4\varepsilon w_m - 4w_r - 2\varepsilon c_m + 2c_r - \alpha(1-\varepsilon)(\varepsilon Q - w_r)}{4\varepsilon(1-\varepsilon)} \tag{5.8}$$

$$\frac{\partial v_m^D}{\partial \tau} = -2k\tau - c\left(Q - \frac{\varepsilon Q + w_r}{2\varepsilon}\right) \tag{5.9}$$

联立式(5.7)(5.8)(5.9),可以解得 w_m^{D*}, w_r^{D*}, τ^{D*}。

分散决策模型下制造商的总利润函数的 Hessian 矩阵为负定。

将 w_m^{D*}, w_r^{D*}, τ^{D*} 代入式(5.6),我们可以得到 p_m^{D*}, p_r^{D*}。

相似地,在集中决策模型中,有:

$$\frac{\partial v_c^C}{\partial p_m} = \frac{(1-\varepsilon)Q - 2p_m + 2p_r + c_m - c_r}{1-\varepsilon} \tag{5.10}$$

$$\frac{\partial v_c^C}{\partial p_r} = \frac{2\varepsilon p_m - \varepsilon c_m + c_r + c\tau(1-\varepsilon) - \alpha\varepsilon(1-\varepsilon)Q + (\alpha(1-\varepsilon)-2)p_r}{\varepsilon(1-\varepsilon)}$$

$$\tag{5.11}$$

$$\frac{\partial v_c^C}{\partial \tau} = \frac{-2k\varepsilon\tau - c\varepsilon Q + cp_r}{\varepsilon} \tag{5.12}$$

由于式(5.3)的 Hessian 矩阵在奇数阶中为负定,在偶数阶中为正定,因此集中决策模型下制造商的总利润函数为凹函数。

下面,联立式(5.10)(5.11)(5.12),可以解得 p_m^{C*}, p_r^{C*}, τ^{C*}。将他们代入式(5.16)和(5.17),我们可以得到全部变量的求解结果。

在提出命题之前,我们先考虑如下约束:

$$0 < \tau^{C*} < 1$$
$$0 < \tau^{D*} < 1$$
$$N + 2k\alpha\varepsilon > 0$$
$$M + 2k\alpha\varepsilon L \geqslant 0$$
$$H + 2k\alpha\varepsilon^2 Q \geqslant 0$$

第一和第二个约束限制回收率在一定范围内,后面三个约束确保价格为非负数,否则本研究将没有意义。

从 $0 < \tau^{C*} < 1$ 和 $0 < \tau^{D*} < 1$ 中,我们注意到:

$$\tau_{\max}^C = \min\left\{\frac{c(\varepsilon Q - c_r)}{c^2 - 4k\varepsilon}, 1\right\}, \tau_{\min}^C = \max\left\{0, \frac{c(\varepsilon Q - c_r)}{c^2 - 2k\varepsilon}\right\}$$

$$\tau_{\max}^D = \min\left\{\frac{c(\varepsilon Q - c_r)}{c^2 - 8k\varepsilon}, 1\right\}, \tau_{\min}^D = \max\left\{0, \frac{c(\varepsilon Q - c_r)}{c^2 - 6k\varepsilon}\right\}$$

对于 $M + 2k\alpha\varepsilon L \geqslant 0$,它是一个关于 ε 开口向上的二次函数。让 $a = 2k\alpha Q$, $b = 2k\alpha(Q + c_m - c_r) - 8k(Q + c_m) + c^2 Q$, $h = c^2(Q + c_m - c_r)$,当 $b^2 - 4ah > 0$ 时,我们有: $\varepsilon_1, \varepsilon_2 = \frac{-b \pm \sqrt{b^2 - 4ah}}{2a}$。随后得到: $0 < \varepsilon < \varepsilon_1 < 1$ 或 $\varepsilon_2 < \varepsilon < 1$。

对于 $H+2k\alpha\varepsilon^2 Q \geqslant 0$，它是关于 ε 开口向下的二次函数，当 $c^2 Q - 4kc_r < 0$ 时，我们有：$0 < \varepsilon < \varepsilon_3 = \dfrac{c^2 Q - 4kc_r}{2k\alpha Q - 4kQ} < 1$，$\varepsilon_4 = 0$（舍弃）。

本章均遵守以上约束。

命题 1　在分散决策模型中，当 $q_m + q_r = Q - \dfrac{p_r}{\varepsilon}$，$\varepsilon Q - c_r > 0$ 时，$\dfrac{\partial w_m^{D*}}{\partial \alpha} < 0$，$\dfrac{\partial w_r^{D*}}{\partial \alpha} < 0$，$\dfrac{\partial p_m^{D*}}{\partial \alpha} < 0$，$\dfrac{\partial p_r^{D*}}{\partial \alpha} < 0$，$\dfrac{\partial (q_m^{D*} + q_r^{D*})}{\partial \alpha} > 0$，$\dfrac{\partial \tau^{D*}}{\partial \alpha} < 0$，$\dfrac{\partial C^{D*}}{\partial \alpha} > 0$。

证明　对批发价格和回收率求关于 α 的一阶导，有：

$$\frac{\partial w_m^{D*}}{\partial \alpha} = \frac{\partial w_r^{D*}}{\partial \alpha} = \frac{8k^2 \varepsilon^2 (c_r - \varepsilon Q)}{(c^2 - 8k\varepsilon + 2k\alpha\varepsilon)^2} < 0,\quad \frac{\partial \tau^{D*}}{\partial \alpha} = \frac{2kc\varepsilon(c_r - \varepsilon Q)}{(c^2 - 8k\varepsilon + 2k\alpha\varepsilon)^2} < 0 \tag{5.13}$$

将式（5.13）代入（5.6），有：$\dfrac{\partial p_m^{D*}}{\partial \alpha} < 0$，$\dfrac{\partial p_r^{D*}}{\partial \alpha} < 0$，$\dfrac{\partial (q_m + q_r)^{D*}}{\partial \alpha} > 0$。

得证。

当制造商更加重视企业社会责任时，新产品和再制造产品的批发价格以及回收率都会下降。与之相反，总需求和消费者剩余都会增加。实际上，消费者剩余仅与库存能力有关，并且消费者愿意为再制造产品的价格付款。为了响应制造商的活动，零售商还降低了零售价格，以鼓励顾客购买更多商品。因此，需求的增加大于价格的减少，进一步来说，企业社会责任为制造商带来了额外的利润。

命题 2　废旧产品回收率随着 WTP 的增加而增加，即 $\dfrac{\partial \tau^{D*}}{\partial \varepsilon} > 0$。

证明　对回收率求关于 ε 的一阶导，有：

$$\frac{\partial \tau^{D*}}{\partial \varepsilon} = \frac{c^3 Q + 2kc\alpha c_r - 8kcc_r}{(c^2 - 8k\varepsilon + 2k\alpha\varepsilon)^2} \tag{5.14}$$

显而易见，式（14）的正负取决于 $c^3 Q + 2kc\alpha c_r - 8kcc_r$，由于 $c_r \leqslant Q$，所以 $c^3 Q + 2kc\alpha c_r - 8kcc_r > 0$。

尽管回收率受 CSR 的影响，但当 $\alpha \in (0,1)$ 时，回收率随 WTP 的增加而增加。随着消费者愿意为再制造产品支付更高的费用，制造商将更多地回收再利用，制造更多的再制造产品。然而，回收率的上升并不意味着渠道成员利润的增加。从表 5.3 和表 5.4 可以看出，回收率越低，渠道成员的利润越高。

表 5.3　当 $\varepsilon=0.2$ 时, 在 CSR 下回收率和利润的决策结果

变量或利润	α										趋势
	0.1	0.2	0.3	0.4	0.5	0.6	0.7	0.8	0.9	1	
τ^{C*}	0.2762	0.2747	0.2732	0.2717	0.2703	0.2688	0.2674	0.266	0.2646	0.2632	↓
τ^{D*}	0.3106	0.3086	0.3067	0.3049	0.303	0.3012	0.2294	0.2976	0.2959	0.2941	↓
π_r^{D*}	2.8318	2.8316	2.8313	2.8311	2.8309	2.8306	2.8304	2.8302	2.83	2.8298	↓
π_m^{D*}	5.4688	5.4688	5.4688	5.4688	5.4689	5.469	5.469	5.4691	5.4692	5.4693	↑
v_m^{D*}	5.4697	5.4706	5.4716	5.4724	5.4733	5.4741	5.475	5.4757	5.4765	5.4779	↑
π^{C*}	11.1111	11.1111	11.1111	11.1112	11.1112	11.1113	11.1113	11.1114	11.1114	11.1115	↑
v^{C*}	11.1119	11.1126	11.1134	11.1141	11.1149	11.1156	11.1163	11.117	11.1177	11.1184	↑
$\pi_r^{D*}+v_m^{D*}$	8.3015	8.3022	8.3029	8.3035	8.3042	8.3047	8.3054	8.3059	8.3065	8.3077	↑
$\dfrac{(\pi_r^{D*}+v_m^{D*})}{v^{C*}}$	0.7471	0.7471	0.7471	0.7471	0.7471	0.7471	0.7471	0.7471	0.7471	0.7472	↑
C^{C*}	0.0008	0.0015	0.0023	0.0029	0.0037	0.0043	0.005	0.0056	0.0053	0.0069	↑
C^{D*}	0.0009	0.0018	0.0028	0.0036	0.0044	0.0051	0.006	0.0066	0.0073	0.0086	↑

表 5.4　当 $\varepsilon=0.3$ 时, 在 CSR 下回收率和利润的决策结果

变量或利润	α										趋势
	0.1	0.2	0.3	0.4	0.5	0.6	0.7	0.8	0.9	1	
τ^{C*}	0.5831	0.578	0.5731	0.5682	0.5634	0.5587	0.554	0.5495	0.545	0.5405	↓
τ^{D*}	0.7067	0.6993	0.692	0.6849	0.678	0.6711	0.6645	0.6579	0.6515	0.6452	↓
π_r^{D*}	2.382	2.3788	2.3758	2.3729	2.37	2.3673	2.3646	2.362	2.3595	2.357	↓
π_m^{D*}	3.7501	3.7503	3.7507	3.7512	3.7518	3.7526	3.7535	3.7545	3.7555	3.7567	↑
v_m^{D*}	3.7576	3.765	3.7722	3.7794	3.7863	3.7931	3.7998	3.8064	3.8128	3.8191	↑
π^{C*}	8.3404	8.3405	8.3407	8.341	8.3414	8.3418	8.3423	8.3429	8.3435	8.3442	↑
v^{C*}	8.3455	8.3505	8.3555	8.3604	8.3652	8.3699	8.3746	8.3791	8.3836	8.388	↑
$\pi_r^{D*}+v_m^{D*}$	6.1396	6.1438	6.148	6.1523	6.1563	6.1604	6.1644	6.1684	6.1723	6.1761	↑
$\dfrac{(\pi_r^{D*}+v_m^{D*})}{v^{C*}}$	0.7357	0.7357	0.7358	0.7359	0.7359	0.736	0.7361	0.7361	0.7362	0.7363	↑
C^{C*}	0.0051	0.01	0.0148	0.0194	0.0238	0.0281	0.0323	0.0362	0.0401	0.0438	↑
C^{D*}	0.0075	0.0147	0.0215	0.0282	0.0345	0.0405	0.0463	0.0519	0.0573	0.0624	↑

命题 3　零售商和制造商利润函数的单调性取决于 CSR 上升时利润函数一阶导的根。

证明　对 α 作一阶导后, 零售商的利润函数是一个开口向下的二次函数,

即: $\dfrac{\partial \pi_r^{D*}}{\partial \alpha}=\dfrac{\partial\left(\dfrac{X+Y}{16\varepsilon(1-\varepsilon)(N+2k\alpha\varepsilon)^2}+\dfrac{Q^2}{4}\right)}{\partial \alpha}$。令其等于零, 其单调性由其两个

根确定。当两个根不与横轴相交时, 其单调性取决于 $\bar{\alpha}$ 的范围。当 $\bar{\alpha}=\dfrac{-b^*}{2a^*}$ 时,

a^* 是 α 的二阶系数，b^* 是 α 的一阶系数。当两个根在横轴上相交时，其单调性取决于两个根的范围。通过分析，我们有：$\alpha_1 = \dfrac{-b^* - \sqrt{b^{*2} - 4a^*c^*}}{2a^*}$ 和 $\alpha_2 = \dfrac{-b^* + \sqrt{b^{*2} - 4a^*c^*}}{2a^*}$，其中 c^* 是二次函数的常数项。随后我们得到以下结果：当 $\alpha_1 > 1$ 或 $\alpha_2 < 0$ 时，零售商的利润随着 CSR 水平的增加而减少。当 $\alpha_1 < 0$ 或 $\alpha_2 > 1$ 时，零售商的利润随着 CSR 水平的增加而增加。在 $\alpha_1 < 0, \alpha_2 > 1$ 的情况下：当 $0 < \alpha < \alpha_2$ 时，零售商的利润随着 CSR 水平的增加而增加；当 $\alpha_2 < \alpha < 1$ 时，零售商的利润随着 CSR 水平的增加而减少。在 $\alpha_1 > 0, \alpha_2 < 1$ 的情况下，当 $0 < \alpha < \alpha_1$ 或 $\alpha_2 < \alpha < 1$ 时，零售商的利润随着 CSR 水平的增加而减少；当 $\alpha_1 < \alpha < \alpha_2$ 时，零售商的利润随着 CSR 水平的增加而增加。在 $\alpha_1 > 0, \alpha_2 > 1$ 的情况下，当 $0 < \alpha < \alpha_1$ 时，零售商的利润随着 CSR 水平的增加而减少；当 $\alpha_1 < \alpha < 1$ 时，零售商的利润随着 CSR 水平的增加而增加。

在下面的数值分析中，两个根是复数根，表明其与横轴不相交。这个二次函数是开口向下的，并且有 $\dfrac{\partial \pi_r^{D*}}{\partial \alpha}(\bar{\alpha}) < 0$，所以当 $0 < \alpha < 1$ 时，零售商的利润随着 CSR 的增加而减少。我们发现，零售商的利润在实数集 R 中是 CSR 投资比例的三次函数，当 $\alpha \in (0, 1)$ 时，其利润随着 CSR 的增加而降低。相对于零售商，制造商的利润在实数集 R 中是 CSR 投资比例的四次函数，当 $0 < \alpha < 1$ 时，其利润随着 CSR 的增加而增加。制造商对企业社会责任的单调性与零售商的分析类似。在接下来的数值分析中，当 $0 < \alpha < 1$ 时，制造商的利润随着 CSR 的增加而增加。

命题 3 说明，随着企业社会责任的提高，制造商的总利润增加，而零售商的利润却在减少。另外，废旧产品回收率的下降直接影响零售商的利润。

5.2.3 CSR 下再制造供应链集中决策模型

集中决策下，制造商和零售商同意在整个系统层面协调合作，集中决策结果是分散决策结果的对照。这种情况下，供应链整体的净利润和总利润函数如下：

$$\pi_c^C = (p_m - c_m)\left(Q - \frac{p_m - p_r}{1 - \varepsilon}\right) + (p_r - c_r)\frac{\varepsilon p_m - p_r}{\varepsilon(1 - \varepsilon)} - k\tau^2 - c\tau\left(Q - \frac{p_r}{\varepsilon}\right)$$

$$(5.15)$$

$$v_c^C = (p_m - c_m)\left(Q - \frac{p_m - p_r}{1 - \varepsilon}\right) + (p_r - c_r)\frac{\varepsilon p_m - p_r}{\varepsilon(1 - \varepsilon)} -$$

$$k\tau^2 - c\tau\left(Q - \frac{p_r}{\varepsilon}\right) + \frac{\alpha(\varepsilon Q - p_r)^2}{2\varepsilon} \tag{5.16}$$

命题 4　在集中决策模型下，在 $q_m + q_r = Q - \dfrac{p_r}{\varepsilon}$，$\varepsilon Q - c_r > 0$ 的情况下，有：

$\dfrac{\partial p_m^{C*}}{\partial \alpha} < 0$，$\dfrac{\partial p_r^{C*}}{\partial \alpha} < 0$，$\dfrac{\partial(q_m^{C*} + q_r^{C*})}{\partial \alpha} > 0$，$\dfrac{\partial \tau^{C*}}{\partial \alpha} < 0$ 和 $\dfrac{\partial C^{C*}}{\partial \alpha} > 0$。

证明　对 p_m^{C*}，p_r^{C*} 和 τ^{C*} 作关于 α 的一阶导，有：

$$\frac{\partial p_m^{C*}}{\partial \alpha} = \frac{\partial p_r^{C*}}{\partial \alpha} = \frac{4k^2\varepsilon^2(c_r - \varepsilon Q)}{(c^2 - 4k\varepsilon + 2k\alpha\varepsilon)^2} < 0，\frac{\partial \tau^{C*}}{\partial \alpha} = \frac{-2ck\varepsilon(\varepsilon Q - c_r)}{(c^2 - 4k\varepsilon + 2k\alpha\varepsilon)^2}$$

$$\tag{5.17}$$

当 $\varepsilon Q - c_r > 0$ 时，与命题 1 相似，这里不再重复分析。随着集中决策模型下 WTP 的提高，废旧产品回收率也随之提高。这些结果与分散决策模型下的结果一致并不令人惊讶。在后面的内容中，我们将通过比较这两种模型来分析新产品和再制造产品的零售价与批发价、回收率和利润之间的关系。

5.2.4　比较与分析

针对上述两种决策模型，接下来将比较与分析价格、回收率和利润。

命题 5　比较这两个模型，我们可以得到：$\tau^{C*} < \tau^{D*}$，$p_m^{C*} < p_m^{D*}$，$p_r^{C*} < p_r^{D*}$

证明　从表 5.2 中，我们注意到：$\tau^{C*} < \tau^{D*}$，因为 $N + 2k\alpha\varepsilon < N + 4k\varepsilon + 2k\alpha\varepsilon$。

$$p_m^{D*} - p_m^{C*} = \frac{(N + 4k\varepsilon + 2k\alpha\varepsilon)(QN + 2k\alpha\varepsilon Q + M + 2k\alpha\varepsilon L) - (N + 2k\alpha\varepsilon)(M + 4k\varepsilon Q + 4k\varepsilon c_m + 2k\alpha\varepsilon L)}{2(N + 2k\alpha\varepsilon)(N + 4k\varepsilon + 2k\alpha\varepsilon)} > 0,$$

因为 $QN + 2k\alpha\varepsilon Q > 4k\varepsilon Q + 4k\varepsilon c_m$。类似的还有 $p_r^{C*} < p_r^{D*}$。在制造商回收废旧产品的情况下，零售商不参与 CSR 活动。集中决策模型下新产品和再制造品的零售价格比分散决策下要低。显然，制造商将 CSR 的比例投入到更多的利润中来获取一些消费者剩余。值得注意的是，由于必要的限制，消费者将购买新产品和再制造产品的意愿限制在很小的范围内。令人惊讶的是，零售商由于企业社会责任的增加而损失了一些利润，这仅仅是因为总需求的增加不足以抵抗价格的下降。随着制造商企业社会责任意识的增加，废旧产品回收率降低。与分散决策模型相反，在集中决策模型中，回收增量较低。然而，集中决策模型的总利润要高于分散决策模型的总利润。显然，在集中决策模型中，总需求和消费者剩余的增量超过了分散决策模型的增量。在这两种情况下，总函数包含太多变量，直接比较太复杂。我们可以整合命题 3 的分析，以比较集中决策模型和分散决

策模型的利润。在以下部分中,我们为重要参数赋值,并在表 5.3 和表 5.4 中进行数值计算。

5.3 算例分析

如我们所见,本章的模型参数较多,计算结果也较复杂。如果直接比较利润函数,可能会很烦琐。因此,综合所有的约束,假设 $c=4$, $k=2$, $c_m=3$, $c_r=1$ 和 $Q=10$,这些参数的取值在现实生活中都很大,但为了方便起见,我们缩小了数值,但结果不受影响。从约束条件来看,消费者支付意愿的具体范围为 $[0.15, 0.35]$。因此,我们分析这两种情况:$\varepsilon=0.2$ 和 $\varepsilon=0.3$。

在 CSR 模型中,消费者剩余与市场容量、再制造产品的零售价格和 WTP 密切相关。使用这两个 WTP 值,随着 CSR 的提高,回收率和零售商的利润都会下降。随着企业社会责任的提高,制造商的利润和渠道效率也随之提高。比较表 5.3 和表 5.4,我们注意到:WTP 值越高,回收率和消费者剩余就越高,而零售商、制造商的利润和渠道效率的结果却不令人满意。

企业社会责任投资的增加对消费者有利,且企业社会责任的投入只是影响消费者剩余的因素之一。废旧产品回收率不仅与 WTP 密切相关,还与 CSR 密切相关。当消费者考虑自己的利益时,整个供应链中需求的增加远远少于价格的下降,从而导致利润减少。

基于以上分析,我们在图 5.1 中获得了零售价格与 CSR 水平之间的关系,在图 5.2 中获得了批发价格与 CSR 水平之间的关系,在图 5.3 中获得了回收率与 CSR 水平之间的关系。在图 5.4 中,我们描绘了零售商的利润与 CSR 水平之间的关系。图 5.5 显示了制造商的总利润与 CSR 水平之间的关系。图 5.6 说明了两种模型中废旧产品回收率与 WTP 之间的关系。

图 5.1 表明,在集中决策模型与分散决策模型中,再制造产品的零售价格随着 CSR 投入比例的增加而降低,尽管降幅并不明显。如图 5.3 所示,随着 CSR 水平的提高,废旧产品回收率降低。随着废旧产品回收的降低,制造商将降低批发价格。如图 5.2 所示,批发价格随着 CSR 水平的上升而下降。

集中决策模型的零售价格低于分散决策模型的零售价格。在这两种模型中,再制造产品的零售价格远低于新产品的零售价格。如表 5.2 所示,总需求相应地增加,需求的增加略微大于价格的下降。因此,如图 5.4 和图 5.5 所示,制造商的净利润和总利润都增加了。也就是说,制造商通过实施 CSR 活动获得了可观的利润。零售商的利润减少是因为他们没有实施企业 CSR 活动,需求的增

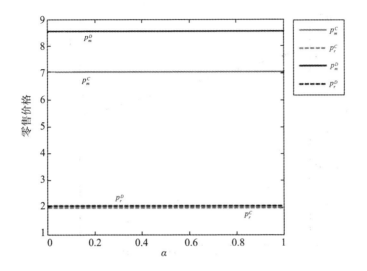

图 5.1　零售价格与 CSR 水平的关系

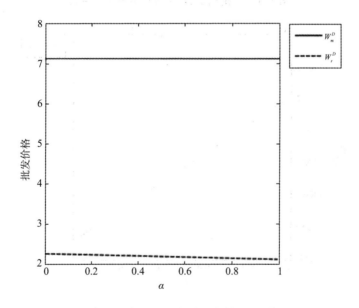

图 5.2　批发价格与 CSR 水平的关系

加不足以抵消价格下降所造成的差异。通过比较表 5.2 和表 5.3，我们可以看到，随着消费者支付意愿的提高，废旧产品回收率也随之提高，在图 5.6 中也能体现。与集中决策模型相反，由于双重边际效应的影响，分散决策模型下制造商的利润减少。消费者支付意愿越高，渠道协调比例越低，消费者剩余就越多，这

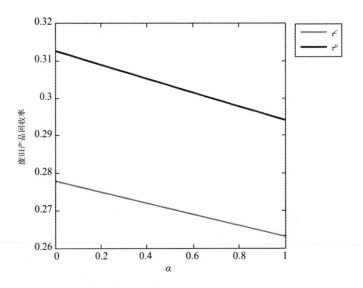

图 5.3　废旧产品回收率与 CSR 水平的关系

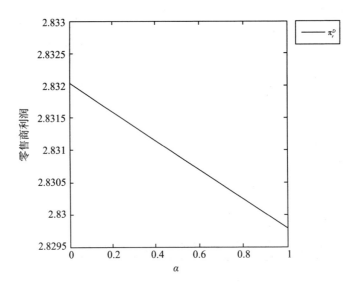

图 5.4　零售商利润与 CSR 水平的关系

对制造商是不利的。通过对表 5.2 的分析,可以看出零售商在此模型中处于劣势。随着企业社会责任的增加,零售商利润减少,因此他们不太可能参与制造商主导的企业社会责任活动。接下来,我们将采用收益共享契约进行协商。

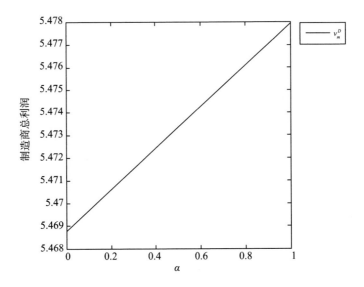

图 5.5　制造商总利润与 CSR 水平的关系

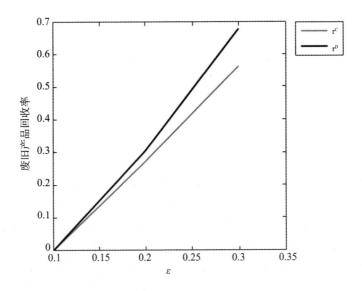

图 5.6　两种模型中废旧产品回收率与 WTP 的关系

5.4 收益共享契约

在以上分析中,随着企业社会责任的上升和零售商利润的减少,以及制造商利润的增加,再加上双重边际效应的影响,集中决策模型的总利润要高于分散决策模型的总利润。为了使零售商能够积极参与制造商主导的 CSR 活动,有必要为零售商提供比分散决策模型更大的必要利润。现在,我们提出一个简单的收益共享契约。尽管契约形式多种多样,但是所有人都是为了协调渠道成员的利益。

收益共享契约如下:

$$\phi v^{C*} \geqslant \pi_r^{D*} , (1-\phi) v^{C*} \geqslant v_m^{D*} \tag{5.18}$$

$$\phi \left[\frac{X_3 + Y_3 + 2Z(N + 4k\varepsilon + 2k\alpha\varepsilon)}{4\varepsilon(1-\varepsilon)(N + 4k\varepsilon + 2k\alpha\varepsilon)^2} + \frac{\alpha\varepsilon Q^2 - 2c_m Q}{2} \right]$$
$$\geqslant \frac{X + Y}{16\varepsilon(1-\varepsilon)(N + 2k\alpha\varepsilon)^2} + \frac{Q^2}{4} \tag{5.19}$$

$$(1-\phi) \left[\frac{X_3 + Y_3 + 2Z(N + 4k\varepsilon + 2k\alpha\varepsilon)}{4\varepsilon(1-\varepsilon)(N + 4k\varepsilon + 2k\alpha\varepsilon)^2} + \frac{\alpha\varepsilon Q^2 - 2c_m Q}{2} \right]$$
$$\geqslant \frac{X_1 + X_2 + 4(N + 2k\alpha\varepsilon)(Y_1 + Y_2)}{16\varepsilon(1-\varepsilon)(N + 2k\alpha\varepsilon)^2} + \frac{\alpha\varepsilon Q^2 - 4c_m Q}{8} \tag{5.20}$$

从式(5.18)中,我们注意到:

$$\phi \geqslant \frac{\pi_r^{D*}}{v^{C*}} = \phi_{\min} , \phi \leqslant 1 - \frac{v_m^{D*}}{v^{C*}} = \phi_{\max} \tag{5.21}$$

命题 6 当 $\phi \in (\phi_{\min}, \phi_{\max})$ 时,供应链各成员的利润将大于分散决策模型下各成员的利润。

当 $\phi \in (\phi_{\min}, \phi_{\max})$ 时,零售商将参与 CSR 活动。通过分析,我们注意到,收益共享比例有一个阈值 ϕ。此外,该比率与分散决策模型下零售商或制造商的利润和集中决策模型下的总利润的比率相关。尽管计算过程很复杂,但是可以计算出来。因此,对于任何 $\phi \in (\phi_{\min}, \phi_{\max})$,供应链实现了协调,供应链上的成员实现了双赢。从式(5.19)(5.20)(5.21)中,我们可以得到:

$$\phi_{\min} = \frac{\dfrac{X + Y}{16\varepsilon(1-\varepsilon)(N + 2k\alpha\varepsilon)^2} + \dfrac{Q^2}{4}}{\dfrac{X_3 + Y_3 + 2Z(N + 4k\varepsilon + 2k\alpha\varepsilon)}{4\varepsilon(1-\varepsilon)(N + 4k\varepsilon + 2k\alpha\varepsilon)^2} + \dfrac{\alpha\varepsilon Q^2 - 2c_m Q}{2}} \tag{5.22}$$

$$\phi_{\max} = 1 - \frac{\dfrac{X_1 + X_2 + 4(N + 2k\alpha\varepsilon)(Y_1 + Y_2)}{16\varepsilon(1-\varepsilon)(N + 2k\alpha\varepsilon)^2} + \dfrac{\alpha\varepsilon Q^2 - 4c_m Q}{8}}{\dfrac{X_3 + Y_3 + 2Z(N + 4k\varepsilon + 2k\alpha\varepsilon)}{4\varepsilon(1-\varepsilon)(N + 4k\varepsilon + 2k\alpha\varepsilon)^2} + \dfrac{\alpha\varepsilon Q^2 - 2c_m Q}{2}} \tag{5.23}$$

将算例赋值代入表 5.2,可以得到:

$$v^{C*} = \frac{6.4\alpha^3 + 208.8\alpha^2 + 1213.6\alpha - 8524.8}{(14.4 + 0.8\alpha)^2}$$
$$+ \frac{-16\alpha^2 - 229.8\alpha + 1095.2}{14.4 + 0.8\alpha} + 10\alpha - 27 \tag{5.24}$$

$$\pi_r^{D*} = \frac{-7.8\alpha^2 - 243.2\alpha - 1891.2}{(12.8 + 0.8\alpha)^2} + \frac{184 + 12\alpha}{12.8 + 0.8\alpha} \tag{5.25}$$

$$v_m^{D*} = \frac{6.4\alpha^3 + 172.4\alpha^2 + 609\alpha - 8166.4}{(12.8 + 0.8\alpha)^2} + \frac{-16\alpha^2 - 187\alpha + 1092}{12.8 + 0.8\alpha} + 10\alpha - 30$$
$$\tag{5.26}$$

将式(5.24)(5.25)(5.26)代入式(5.22)(5.23)中,可以得到:
当 $\alpha = 0.5, \varepsilon = 0.2$ 时,$\phi \in (0.25, 0.51)$

5.5　结　论

考虑消费者对新产品和再制造产品的 WTP 差异,本章利用 Stackelberg 博弈模型,分析了企业社会责任活动的制造商,并考虑了在两种不同企业社会责任比率模型中的价格、回收率、消费者剩余和供应链各成员的利润。当消费者对新产品和再制造产品的 WTP 处于特定阈值之内时,供应链成员处于最优状态。通过比较分散决策模型和集中决策模型中的最优价格和预期利润,发现在 WTP 差异下,零售价格、批发价格和回收率随着 CSR 水平的增加而降低。集中决策模型的零售价格低于分散决策模型的零售价格。相反,需求量越大,利润越高。最重要的是,在通常情况下,制造商的净利润和总利润增加,而零售商的利润减少。并且可以通过设置收益共享契约激励供应链各成员参与企业社会责任活动。

第6章 碳排放约束企业社会责任异质下的再制造供应链决策

6.1 问题的提出

全球气候变暖问题已经受到世界各国和国际组织的重视,当前全球应对气候变暖问题的方法最直接反映在降低碳排放量上,与此同时,政府和企业也应积极承担起保护环境的社会责任。本章在碳排放约束背景下,研究社会责任型再制造供应链的最优决策问题,探讨了碳排放约束与企业社会责任强度对回收再制造决策的影响,并引入社会福利最大化模型进行对比分析。需要关注的是,在废旧产品回收及渠道获利方面,社会福利最大化模型优于制造商总收益最大化模型,这为企业获利提供了新方向,也为企业决策者提供了新的管理启示。

6.2 模型建立

本章考虑由单一制造商和单一零售商组成的再制造供应链结构。其中,制造商负责将零部件和原材料加工成新产品,同时将废旧产品进行再制造。制造商通过零售商进行废旧产品的回收,并设定单位产品的批发价格及支付给零售商的单位废旧产品回收价格。参考已有国内外文献,我们认为,所有的废旧产品都能够成功地被再制造并进行二次销售。再制造产品的质量与新产品无差别,并且再制造产品能和新产品一起在同一市场以相同的零售价格进行销售。零售商需要从制造商手中购买产品,再以零售价格出售给市场中的消费者。此外,零售商还负责从消费者手中回收废旧产品作为再制造的原材料提供给制造商。零售商通过控制回收投入来决定废旧产品回收率大小。为了减少产品在生产流通环节对环境和能源产生的负面影响,政府设定了制造企业碳排放量的上限。若其产生的总碳排放量高于此临界值,政府将对制造商进行处罚;若总碳排放量低于这一临界值,政府将对制造商进行奖励。

本章共考虑三种情况：

(1)盈利最大化模型，即制造商不考虑企业社会责任，以盈利最大化为目标，此为基准模型。

(2)企业社会责任模型，即制造商关注企业社会责任，以总收益最大化为目标。

(3)社会福利最大化模型，即从社会福利角度出发，令制造商和零售商进行最优决策。

通过分析比较三种情况下的最优定价策略、回收策略及渠道成员收益，研究碳排放约束及企业社会责任对供应链的影响，并探讨企业社会责任与碳排放之间的联系。

文中所用到的变量及符号设置如表 6.1 所示。

表 6.1 模型的变量及符号说明

模型参数	定义
c_m	新产品单位制造成本
c_2	对于制造商来说，回收产品的单位价值
c_1	制造商支付给零售商回收产品的单位价格
I	零售商回收活动的投资
c_0	零售商支付给顾客的单位回收成本
D	产品总需求，$D=a-bp$
$C(r)$	回收废旧产品总成本
α	投资规模参数
σ	制造商使用原材料生产的单位产品产生的碳排放量
λ	通过废旧产品回收再制造的单位产品产生的碳排放量同原材料生产的单位产品产生的碳排放量的比值，$0<\lambda<1$
v	政府制定的制造企业碳排放量上限
x	政府制定的制造商单位产品碳排放量奖惩系数，$x>0$
θ	制造商 CSR 强度，$\theta\in[0,1]$

决策变量	定义
p	产品零售价格
w	产品批发价格
r	回收率，$0<r<1$
π_i^j	模式 j 时 i 的利润函数，$i=\{m,r,s\}$ 分别表示制造商、零售商、供应链渠道，$j=\{n,p,s\}$ 分别表示非社会责任型、企业社会责任型及社会福利最大化型三种情况
t^j	模式 j 下单位产品在生命周期内的平均碳排放量，$t^j=\sigma(1-r^j+\lambda r^j)$
T^j	模式 j 下全部产品在生命周期内的碳排放总量，$T^j=D(p)t^j$

本章制造商和零售商的决策过程构成一个单周期的 Stackelberg 博弈模型，其中，制造商为供应链参与双方的领导者，零售商为博弈的追随者。这一假设与传统供应链研究相一致，制造商决定了单位产品批发价格，而零售商的定价策略及回收策略受批发价格影响。在供应链中，制造商生产新产品的单位制造成本为 c_m，并以单位批发价格 w 单独供应给零售商，而零售商以零售价格 p 将产品销售给顾客。市场需求是关于零售价格的线性函数，其形式为 $D(p)=a-bp$，其中，a 为市场最大需求量，b 为消费者对零售价格的敏感系数，且 $a,b>0$，而 $a>bp$ 代表在任何情况下，市场需求总是非负的，这在相关文献中较为常见。

在逆向渠道当中，零售商负责从消费者手中回收废旧产品，并向消费者支付单位产品回收价格 c_0。之后零售商将回收的废旧产品转移给制造商进行再制造生产，此时制造商针对回收产品支付给零售商单位价格 c_1。若制造商将废旧产品再制造得到的产品的单位成本为 c_r，则使用原材料生产的单位产品成本大于使用废旧产品再制造生产的单位产品成本，即有 $c_r \leqslant c_m$。已有研究认为，制造商依靠废旧产品的再制造获得的成本节约为 $c_2=c_m-c_r$，且我们认为 $c_0<c_1<c_2$，这一假设是合理的。它符合再制造行业的基本特征，制造商可以通过再制造降低产品的平均制造成本，从而提高利润。

废旧产品回收率 $r(0<r<1)$ 是消费者参与回收活动意愿的体现，零售商需要做出努力以激励消费者积极参与回收活动，即 r 与零售商回收活动投资 I 有关，假设 $r=\sqrt{I/a}$，其中 α 为投资规模参数。零售商回收废旧产品总成本包括零售商支付给消费者的回收费用及回收活动投资，$C(r)=c_0rD(p)+I=c_0rD(p)+\alpha r^2$。

σ 为制造商使用原材料生产的单位产品产生的碳排放量，而 λ 为再制造减排系数，即通过废旧产品回收再制造的单位产品产生的碳排放量同原材料生产的单位产生的产品产生的碳排放量的比值。其中，$0<\lambda<1$，λ 越大，表示废旧产品回收再制造对减少碳排放量的作用越小，再制造产品产生的碳排放量为 $\lambda\sigma$。v 为政府制定的制造企业生产的全部产品产生的碳排放总量的上限，而 x 为政府制定的制造商单位产品碳排放量奖惩系数，并有 $x>0$。假设制造商使用原材料生产的产品所产生的碳排放量高于政府规定的碳排放上限，而通过对废旧产品进行回收再制得到的产品的碳排放量低于政府规定的碳排放上限，即满足 $D(p)\lambda\sigma<v<D(p)\sigma$，这一假设符合再制造行业环保节能的特点。政府制定的碳排放上限应介于两种产品的碳排放量之间，这样才能实现对制造企业的碳排放量进行有效的控制。

假设制造商是一个具有社会责任感的企业，根据利益相关者理论，企业经营行为应当对所有利益相关者负责，包括政府、员工、供应商、零售商及消费者等。

由于消费者是企业利益相关者中至关重要的部分,所以,同大多数研究一致,在建模分析中,企业社会责任由消费者剩余来体现。

消费者剩余是指消费者愿意为产品支付的最高价格和他们实际为产品支付的市场价格之间的差额。因此,消费者剩余可以表示为:

$$CS = \int_{\frac{a-D}{b}}^{\frac{a}{b}} D(p) \, dp = \frac{D^2}{2b} \tag{6.1}$$

之后,我们引入企业社会责任强度 $\theta \in [0,1]$,企业在一定社会责任下消费者剩余为 $\theta D^2/2b$。$\theta = 0$ 说明制造商是传统的利益最大化者,对应下节中的基准模型;而 $\theta = 1$ 说明企业完全以利益相关者利益为先,这在现实中几乎是不存在的,下文分析也证实了这一点。基于以上参数设置和假设,本章建立了三种情况下的模型,并对最优决策进行了分析比较。

6.2.1　碳排放约束下 CSR 再制造供应链盈利最大化模型

由于政府对企业所生产产品的总碳排放量具有约束,当企业总碳排放量低于政府所规定的碳排放量上限时,政府会对企业进行奖励;反之,若企业总碳排量高于该标准,政府将对企业进行相应的处罚。制造商作为 Stackelberg 博弈的领导者,率先以批发价格将产品出售给零售商,而后零售商以零售价格向消费者出售产品,且零售商负责从消费者手中回收废旧产品,再由制造商进行再制造活动,由此形成一个再制造供应链。零售商作为 Stackelberg 博弈的跟随者,根据制造商的策略做出最优决策以实现盈利最大化,零售商的利润函数为:

$$\pi_r^n = [(p-w) + (c_1 - c_0) r](a - bp) - \alpha r^2 \tag{6.2}$$

零售商收入主要来源于销售收入及回收废旧产品收入,而零售商成本主要为回收活动成本。此时,制造商的利润函数为:

$$\pi_m^n = [(w - c_m) + (c_2 - c_1) r](a - bp) + x[v - \sigma(a - bp)(1 - r + \lambda r)] \tag{6.3}$$

制造商利润包括销售收入、废旧产品再制造收入和制造商支付给零售商的回收成本,同时在考虑碳约束情况下,制造商能够获得政府相应的奖励或惩罚。在制造商确定批发价格 w 之后,零售商根据批发价格制定最优决策,为求解 Stackelberg 博弈均衡,令 $\partial \pi_r^n / \partial p = 0, \partial \pi_r^n / \partial r = 0$,可得零售商的最优决策为:

$$p^n = \frac{2a\alpha + 2a bw^n - ab(c_1 - c_0)^2}{b[4\alpha - b(c_1 - c_0)^2]} \tag{6.4}$$

$$r^n = \frac{(a - bw^n)(c_1 - c_0)}{4\alpha - b(c_1 - c_0)^2} \tag{6.5}$$

103

为了验证零售商收益函数的凹凸性,求出其海森矩阵为:

$$H_r^n = \begin{bmatrix} \dfrac{\partial^2 \pi_r^n}{\partial p^2} & \dfrac{\partial^2 \pi_r^n}{\partial p \partial r} \\[2mm] \dfrac{\partial^2 \pi_r^n}{\partial r \partial p} & \dfrac{\partial^2 \pi_r^n}{\partial r^2} \end{bmatrix} = \begin{bmatrix} -2b & -b(c_1 - c_0) \\ -b(c_1 - c_0) & -2\alpha \end{bmatrix}$$

由于 $H_r^n = 4\alpha b - b^2(c_1 - c_0)^2$,因此,只有当 $4\alpha - b(c_1 - c_0)^2 > 0$,即 $\alpha > b(c_1 - c_0)^2/4$ 时,零售商收益函数才为凹函数,存在最大值。将最优零售价格 p^n 与回收率 r^n 代入制造商收益函数,并令 $d\pi_m^n/dw = 0$,可得制造商最优批发价格为:

$$w^n = \frac{a}{b} - \frac{[4\alpha - b(c_1 - c_0)^2][a - b(c_m + \sigma x)]}{2b[4\alpha - b(c_2 - c_0)(c_1 - c_0) - b\sigma x(c_1 - c_0) + b\sigma x\lambda(c_1 - c_0)]}$$

$$(6.6)$$

另一方面,要使制造商收益最大化,其收益函数应为凹函数,则需满足:
$$\frac{d^2\pi_m^n}{dw^2} = \frac{-4\alpha b\{4\alpha - b(c_1 - c_0)[(c_2 - c_0) + \sigma x(1 - \lambda)]\}}{[4\alpha - b(c_1 - c_0)^2]^2} < 0$$,即:$\alpha > b(c_1 - c_0) \times [(c_2 - c_0) + \sigma x(1 - \lambda)]/4$,因此,$\alpha > \max\{b(c_1 - c_0)^2/4, b(c_1 - c_0)[(c_2 - c_0) + \sigma x(1 - \lambda)]/4\}$。

由于 $c_0 < c_1 < c_2$,且 $\lambda \in [0,1]$,所以 $\alpha > \dfrac{b(c_1 - c_0)([c_2 - c_0] + \sigma x(1 - \lambda))}{4}$。

命题 1 在基准模型下,当 $\alpha > b(c_1 - c_0)[(c_2 - c_0) + \sigma x(1 - \lambda)]/4$ 时,渠道成员收益函数为凹函数,此时供应链成员可做出最优决策。

将最优批发价格 w^n 代入公式,可求解最优零售价格 p^n、回收率 r^n、零售商与制造商最优收益 π,根据 $t^n = \sigma(1 - r^n + \lambda r^n)$ 与 $T^n = D(p)t^n$,可进一步求解出在政府碳排放量约束下制造企业每单位产品的平均碳排放量和总碳排放量,具体结果如表 6.2 所示。

6.2.2 碳排放约束下 CSR 再制造供应链 CSR 模型

碳排放约束下 CSR 再制造供应链总收益最大化模型,即企业社会责任模型,此种情况下,制造商具有社会责任感,认为回收是企业社会责任的体现,并将企业社会责任影响用消费者剩余来表示,将消费者剩余纳入决策模型之中。零售商的决策模型不变,零售商的利润函数为:$\pi_r^p = \pi_r^n$,制造商的净利润函数为:$\pi_m^p = \pi_m^n$,制造商的总利润函数为:

$$z_m^p = [(w - c_m) + (c_2 - c_1)r](a - bp) + x[v - \sigma(a - bp)(1 - r + \lambda r)] +$$

$$\frac{\theta}{2b}(a - bp)^2 \tag{6.7}$$

令 $\frac{\partial \pi_r^p}{\partial p} = 0, \frac{\partial \pi_r^p}{\partial r} = 0$,可得零售商的最优决策为:

$$p^p = \frac{2a\alpha + 2\alpha bw^s - ab(c_1 - c_0)^2}{b[4\alpha - b(c_1 - c_0)^2]} \tag{6.8}$$

$$r^p = \frac{(a - bw^s)(c_1 - c_0)}{4\alpha - b(c_1 - c_0)^2} \tag{6.9}$$

为了验证零售商收益函数的凹凸性,求出其海森矩阵为:

$$H_r^p = \begin{bmatrix} \dfrac{\partial^2 \pi_r^p}{\partial p^2} & \dfrac{\partial^2 \pi_r^p}{\partial p \partial r} \\ \dfrac{\partial^2 \pi_r^p}{\partial r \partial p} & \dfrac{\partial^2 \pi_r^p}{\partial r^2} \end{bmatrix} = \begin{bmatrix} -2b & -b(c_1 - c_0) \\ -b(c_1 - c_0) & -2\alpha \end{bmatrix}$$

由于 $H_r^p = 4\alpha b - b^2(c_1 - c_0)^2$,因此,只有当 $4\alpha - b(c_1 - c_0)^2 > 0$,即 $\alpha > b(c_1 - c_0)^2/4$ 时,零售商收益函数才为凹函数,能取得最大值。将最优零售价格 p^p 与回收率 r^p 代入制造商总收益函数,并令 $dz_m^p/dw = 0$,可得制造商的最优批发价格为:

$$w^p = \frac{a}{b} - \frac{[4\alpha - b(c_1 - c_0)^2][a - b(c_m + \sigma x)]}{2b[4\alpha - b(c_2 - c_0)(c_1 - c_0) - b\sigma x(c_1 - c_0) + b\sigma x\lambda(c_1 - c_0) - \alpha\theta]} \tag{6.10}$$

另一方面,要使制造商收益最大化,其收益函数应为凹函数,则需满足:

$$\frac{d^2 z_m^p}{dw^2} = \frac{-4\alpha b\{4\alpha - \alpha\theta - b(c_1 - c_0)[(c_2 - c_0) + \sigma x(1 - \lambda)]\}}{[4\alpha - b(c_1 - c_0)^2]^2} < 0,$$

即 $\alpha > \dfrac{b(c_1 - c_0)[(c_2 - c_0) + \sigma x(1 - \lambda)]}{4} - \theta$),因此,$\alpha > \max\left\{\dfrac{b(c_1 - c_0)^2}{4},\right.$

$\left.\dfrac{b(c_1 - c_0)[(c_2 - c_0) + \sigma x(1 - \lambda)]}{4 - \theta}\right\}$。

由于 $c_0 < c_1 < c_2$,且 $\lambda \in [0, 1]$,所以 $\alpha > \dfrac{b(c_1 - c_0)[(c_2 - c_0) + \sigma x(1 - \lambda)]}{4 - \theta}$。

命题 2　在企业社会责任型模型中,$\alpha > b(c_1 - c_0)[(c_2 - c_0) + \sigma x(1 - \lambda)]/(4 - \theta)$ 时,渠道成员收益函数为凹函数,此时渠道成员能做出最优决策。

将最优批发价格 w^p 代入公式,可求解最优零售价格 p^p、回收率 r^p、零售商与制造商最优收益,根据 $t^p = \sigma(1 - r^p + \lambda r^p)$ 与 $T^p = D(p)t^p$,可进一步求解出在政府碳排放量约束下制造企业的每单位产品的平均碳排放量和总碳排放量,具体结果如表 6.2 所示。

表 6.2　碳排放约束下 CSR 再制造供应链最优决策

$(Y=4\alpha-b(c_2-c_0)(c_1-c_0)-b\sigma x(c_1-c_0)+b\sigma x\lambda(c_1-c_0))$

参数	Case 1（基准模型）	Case 2（企业社会责任型）
p	$\dfrac{a}{b}-\dfrac{\alpha[a-b(c_m+\sigma x)]}{bY}$	$\dfrac{a}{b}-\dfrac{\alpha[a-b(c_m+\sigma x)]}{b(Y-\alpha\theta)}$
r	$\dfrac{(c_1-c_0)[a-b(c_m+\sigma x)]}{2Y}$	$\dfrac{(c_1-c_0)[a-b(c_m+\sigma x)]}{2(Y-\alpha\theta)}$
w	$\dfrac{a}{b}-\dfrac{[4\alpha-b(c_1-c_0)^2][a-b(c_m+\sigma x)]}{2bY}$	$\dfrac{a}{b}-\dfrac{[4\alpha-b(c_1-c_0)^2][a-b(c_m+\sigma x)]}{2b(Y-\alpha\theta)}$
π_r	$\dfrac{\alpha[a-b(c_m+\sigma x)]^2[4\alpha-b(c_1-c_0)^2]}{4bY^2}$	$\dfrac{\alpha[a-b(c_m+\sigma x)]^2[4\alpha-b(c_1-c_0)^2]}{4b(Y-\alpha\theta)^2}$
π_m	$\dfrac{\alpha[a-b(c_m+\sigma x)]^2}{2bY}+vx$	$\dfrac{\alpha[a-b(c_m+\sigma x)]^2}{2bY}+vx$
z_m	$\dfrac{\alpha[a-b(c_m+\sigma x)]^2}{2bY}+vx$	$\dfrac{\alpha[a-b(c_m+\sigma x)]^2}{2b(Y-\alpha\theta)}+vx$
t	$\sigma\left\{1-\dfrac{(1-\lambda)(c_1-c_0)[a-b(c_m+\sigma x)]}{2Y}\right\}$	$\sigma\left\{1-\dfrac{(1-\lambda)(c_1-c_0)[a-b(c_m+\sigma x)]}{2(Y-\alpha\theta)}\right\}$
T	$\dfrac{\alpha\sigma[a-b(c_m+\sigma x)]}{Y}\left\{1-\dfrac{(1-\lambda)(c_1-c_0)[a-b(c_m+\sigma x)]}{2Y}\right\}$	$\dfrac{\alpha\sigma[a-b(c_m+\sigma x)]}{Y}\left\{1-\dfrac{(1-\lambda)(c_1-c_0)[a-b(c_m+\sigma x)]}{2(Y-\alpha\theta)}\right\}$

6.2.3　碳排放约束对最优决策的影响

根据模型的假设,政府规定的碳排放上限介于原产品和再制造产品的碳排放总量之间,即 $\sigma\lambda D<v<\sigma D$。制造商需要调整两种产品的生产比例,以达到收益最大化。由于两种产品的生产比例取决于零售商的回收努力程度,因此制造商需要调整产品的批发价格促使零售商的决策最符合自身的利益。

当制造商为企业社会责任型的,由于 $r^p=(c_1-c_0)[a-b(c_m+\sigma x)]/2(Y-\alpha\theta)>0$,因此 $x<(a-bc_m)/b\sigma$,说明政府设定的碳排放奖惩系数需要满足特定的条件,这与实际情况是相符合的,且 $c_0<c_1<c_2$,$\alpha>b(c_1-c_0)[(c_2-c_0)+\sigma x(1-\lambda)]/(4-\theta)$。

由表 6.2 可知,各最优决策函数与再制造减排系数有关,为了研究再制造减排系数对最优决策的影响,使各最优决策函数对其进行求导。令 $M=a-bc_m-b\sigma x>0$,$K=4\alpha-b(c_1-c_0)^2>0$,则可得 $dp^p/d\lambda=\alpha\sigma xM(c_1-c_0)/(Y-\alpha\theta)>0$,并且同时得到 $dw^p/d\lambda=\sigma xMK(c_1-c_0)/2(Y-\alpha\theta)^2>0$,可以看出再制造减排系数与零售价格及制造商批发价格呈正相关关系。$dr^p/d\lambda=-b\sigma xM(c_1-c_0)^2/2(Y-\alpha\theta)^2<0$,随着再制造减排系数的不断增大,废旧产品回收率逐渐降低。在渠道成员收益方面,$d\pi_r^p/d\lambda=-\alpha\sigma x(c_1-c_0)M^2K/2(Y-\alpha\theta)^3<0$,$d\pi_m^p/$

$d\lambda = -\alpha\sigma x(c_1-c_0)M^2/2Y^2 < 0$，即随着再制造减排系数的增大，零售商与制造商收益均减少。而在碳排放量方面，$dt^p/d\lambda = \sigma(c_1-c_0)MK/2(Y-\alpha\theta)^2 > 0$，说明再制造减排系数的与平均碳排放量正相关，因此我们提出命题 3。

命题 3　随着产品再制造减排系数的增大，即当再制造对碳排放的积极作用越来越小时，零售价格与批发价格都逐渐提高，废旧产品回收率逐渐降低，渠道成员利润逐渐减少，且平均碳排放量逐渐增加。

命题 3 表明，随着再制造对碳排放的积极作用越来越明显，在碳排放约束下，制造商为获取最大利益，会更加积极地开展再制造活动，并鼓励零售商进行废旧产品回收，因此零售商回收努力程度增加，产品回收率随之提高，产品的批发价格和零售价格都呈现下降的趋势；同时，制造商和零售商的最优利润都有不同程度的增加，并且平均碳排放量下降。说明再制造企业通过产品的回收与再制造，能够减少产品平均碳排放量，不仅为供应链各成员带来利润，更能创造环境效益，为社会创造福利。而对于制造企业本身而言，产品再制造减排系数对制造商的利润函数也有较为明显的影响，当产品再制造减排程度较大时，制造企业再制造活动使平均碳排量降低，在生产相同数量产品时，政府的碳排放政策会给制造企业带来额外的利润。此时，零售商的回收程度也较高，政府也达到了促进废旧产品回收的目的。相反，当产品再制造减排程度较低时，再制造所带来的环境效益并不明显。制造企业为了将政府惩罚降到最低，会适当减少再制造活动，零售商废旧产品回收程度随着降低，企业和政府都未能完成既定目标，失去了共赢的机会。因此，对于不同再制造减排系数的企业，政府需要合理地制定碳排放量上限和奖惩系数，以实现共同的利润最大化。

从表 6.2 中可以看到，最优决策函数是关于政府奖惩系数的函数，为了验证政府奖惩系数 x 对最优决策的影响，使各最优决策函数对其进行求导。令 $L = 4\alpha - (c_1-c_0)[b(c_2-c_0)+(a-bc_m)(1-\lambda)] > 0$。通过计算可发现，$dp^p/dx = \alpha\sigma L/(Y-\alpha\theta)^2 > 0$，$dw^p/dx = \sigma KL/2(Y-\alpha\theta)^2 > 0$，即政府奖惩系数与零售价格及制造商批发价格呈正相关关系。$dr^p/dx = -b\sigma L(c_1-c_0)/2(Y-\alpha\theta)^2 < 0$，计算结果说明废旧产品回收率随政府奖惩系数的增大而逐渐降低。并且可得到关系 $d\pi_r^p/dx = -\alpha\sigma MKL(1-\lambda))/2(Y-\alpha\theta)^3 < 0$，零售商收益随政府奖惩系数的增大而减少。而在企业所生产产品的碳排放量方面，可以看到 $dt/dx = b\sigma^2 L(1-\lambda)(c_1-c_0)/2(Y-\alpha\theta)^2 > 0$，$dT/dx = -\alpha b\sigma^2 L^2/(Y-\alpha\theta)^3 < 0$，随着政府奖惩系数的增大，虽然总碳排放量降低，但平均碳排放量升高，因此我们提出命题 4。

命题 4　随着政府奖惩系数的增大，零售价格与批发价格均提高，废旧产品回收率降低，零售商利润减少。虽然碳排放总量有所降低，但是平均碳排放量上升,且政策奖惩系数具有一定范围限制。

命题 4 表明,当政府对制造商设定的减排奖惩系数增大时,制造商为了减少惩罚成本,会控制再制造产品生产,因此零售商回收努力程度相应降低,零售价格与批发价格提高,产品需求量减少,零售商的利润减少。尽管政府碳减排政策的直接对象是产品的制造商,但通过奖惩政策可以间接影响下游的零售商,较大的政府奖惩系数减少了零售商的利润,从而使零售商失去了回收的动力。对于制造商而言,起初产品需求量减少所带来的损失远大于政府奖励收入,因此制造商利润逐渐减少。而随着政府奖惩系数的不断增大,产品生产量不断减少,总碳排放量减少,制造商所获得的政府奖励越来越多,逐渐超过因产品需求量减少而带来的利润损失,因此当政府奖惩系数增大到一定程度时,制造商利润开始逐渐增大。在碳排量方面,虽然制造企业的碳排放总量随奖惩系数的增大而下降,但企业总碳排放量的减少大部分归因于产品生产数量的减少,增大奖惩系数会导致产品的平均碳排放量增加,这意味着政府在设定这一奖惩系数时需要采取科学的计算方法,亦进一步说明本章研究具有现实意义。

接下来讨论政府碳排放量上限对最优决策的影响,由表 6.2 最优决策结果可知,碳排放量上限只对制造商利润产生影响,在基准模型下,$\pi_m^n = \dfrac{\alpha[a-b(c_m+\sigma x)]^2}{2bY}+vx$,而当制造商为企业社会责任型的情况下,$z_m^p = \dfrac{\alpha[a-b(c_m+\sigma x)]^2}{2b(Y-\alpha\theta)}+vx$,两种情况下制造商利润均是碳排放量上限的单调函数,制造商利润随碳排放限额的提高而增加。但是企业生产所有产品碳排放总量有所限制,政府规定的碳排放上限介于原产品和再制造产品的碳排放总量之间,即 $\sigma\lambda D<v<\sigma D$,碳排放上限具有限制,综上分析,提出命题 5。

命题 5 制造商利润随政府规定的碳排放上限的提高而增加,但碳排放上限具有一定范围限制,需满足 $\sigma\lambda D<v<\sigma D$。

6.2.4 企业社会责任强度对最优决策的影响

企业社会责任与碳排放息息相关,越来越多的企业将碳排放量作为衡量企业社会责任的指标。在本模型中,在碳约束条件下加入企业社会责任,而企业社会责任以消费者剩余的形式被量化,更有利于进行详尽的定量分析与研究。由表 6.2 可知,最优决策变量均为 θ 函数,而且 $\dfrac{dp^p}{d\theta}=-\alpha\dfrac{2M}{b(Y-\alpha\theta)^2}<0$,$\dfrac{dw^p}{d\theta}= -\alpha\dfrac{MK}{2b(Y-\alpha\theta)^2}<0$,则可得到企业社会责任强度与零售价格及批发价格之间呈

负相关关系。并且可以得到关系 $\dfrac{dr^p}{d\theta}=\alpha\,(c_1-c_0)\,\dfrac{(a-bc_m-b\sigma x)}{2(Y-\alpha\theta)^2}>0$，说明随着企业社会责任强度的增大，废旧产品回收率提高。$\dfrac{d\pi_r^p}{d\theta}=\alpha^2\,\dfrac{M^2K}{2b(Y-\alpha\theta)^3}>0$，$\dfrac{dz_m^p}{d\theta}=\alpha^2\,\dfrac{M^2}{2b(Y-\alpha\theta)^2}>0$，企业社会责任强度对零售商收益及制造商总利润有积极影响。

　　制造商为社会责任型，并将回收作为企业社会责任的体现，当企业社会责任强度越高时，制造商再制造强度越大，同时批发价格降低。作为回应，零售商付出更大回收努力进行废旧产品回收，回收率增大，并且零售商降低零售价格以鼓励顾客购买更多产品。在需求量增大的情况下，零售商利润与制造商总利润增加，企业社会责任强度影响了企业决策。虽然制造商净利润减少，但其获得的消费者剩余超过了净利润损失，制造商总利润增加，渠道成员整体获益，这与 Panda 等的研究结果方向一致。在决策模型中，批发价格和零售价格随企业社会责任强度的增大而降低，回收率、零售商利润与制造商总利润随企业社会责任强度的增大而增大。

　　由于 $r^p=\dfrac{(c_1-c_0)\,[a-b(c_m+\sigma x)]}{2(Y-\alpha\theta)}$，$\theta\in[0,1]$。根据推导得到命题 6，回收率与企业社会责任强度成正比，当 $\theta=0$ 时，r^p 取得最小值；而当 $\theta=1$ 时，r^p 取得最大值，但 $0<r<1$。当取 $\theta=1$ 时，r 可能大于 1，而在前提假设当中，r 是不会大于 1 的。因此，回收率的最优决策具有限制。

$$\overline{r^p}=\min\left\{\frac{(c_1-c_0)\,[a-b(c_m+\sigma x)]}{2(Y-\alpha)},1\right\} \tag{6.11}$$

$$\overline{r^p}=\max\left\{\frac{(c_1-c_0)\,[a-b(c_m+\sigma x)]}{2Y},0\right\}=\frac{(c_1-c_0)\,[a-b(c_m+\sigma x)]}{2Y} \tag{6.12}$$

　　根据此前的分析，回收率随着制造商企业社会责任强度的增大而提高，当投资规模参数 $\alpha>(c_1-c_0)\,[a-b(c_m+\sigma x)]+2b(c_1-c_0)\,[(c_2-c_0)+\sigma x-\sigma x\lambda]-b\sigma x\,(c_1-c_0)/6$ 时，有：$\dfrac{(c_1-c_0)[a-b(c_m+\sigma x)]}{2(Y-\alpha)}>1$，此时，$\overline{r^p}=\dfrac{(c_1-c_0)[a-b(c_m+\sigma x)]}{2(Y-\alpha)}$。并且得到，当 $\alpha<(c_1-c_0)\,[a-b(c_m+\sigma x)]+2b(c_1-c_0)\,[(c_2-c_0)+\sigma x-\sigma x\lambda]-b\sigma x(c_1-c_0)/6$ 时，有：$\overline{r^p}>1$，显然这是不可取的，此时，制造商只会将回收率设定为 1，回收率达到最大。因此，尽管回收率与企业社会责任强度成正比，但回收率只能在一个水平区间内增长。因此，我们

提出命题 6。

命题 6 在决策模型中,批发价格和零售价格随企业社会责任强度的增大而降低,回收率、零售商利润与制造商总利润随企业社会责任强度的增大而增大,回收率具有一定范围限制。

在企业社会责任型再制造供应链中,制造商的回收活动展现出企业社会责任,并通过增大企业社会责任强度来促进零售商的回收活动,从而提高废旧产品回收率,实现总收益更大化。由表 6.2 可知,$r^p = \dfrac{(c_1 - c_0)[a - b(c_m + \sigma x)]}{2(Y - \alpha\theta)}$,而当 $\theta > \dfrac{2Y - (c_1 - c_0)[a - b(c_m + \sigma x)]}{2\alpha}$ 时,$\overline{r^p} > 1$,与假设不符。此时,即使企业社会责任强度再增大,回收率最大也只能为 1。因此,$\bar{\theta} = \min\left\{\dfrac{2Y - (c_1 - c_0)[a - b(c_m + \sigma x)]}{2\alpha}, 1\right\}$。企业社会责任强度具有一定水平限制,当超出这个范围时,制造商企业社会责任强度的增大将不会继续为供应链渠道成员带来更大的利润。

碳排放量的大小在一定程度上体现出企业是否践行社会责任,是企业社会责任强弱的反映。为了讨论企业社会责任强度与碳排放量的关系,我们对表 6.2 中的最优决策变量进行了分析:$\dfrac{dt^p}{d\theta} = -\alpha\sigma(c_1 - c_0)(1 - \lambda)\dfrac{a - bc_m - b\sigma x}{2(Y - \alpha\theta)^2} < 0$,说明企业社会责任强度对平均碳排放量有负向影响;$\dfrac{dT^p}{d\theta} = \alpha^2\sigma\dfrac{(a - bc_m - b\sigma x)(4\alpha - (c_1 - c_0)[b(c_2 - c_0) + (a - bc_m)(1 - \lambda)])}{(Y - \alpha\theta)^3} > 0$,则表明企业社会责任强度对总碳排放量有正向影响,因此我们提出命题 7。

命题 7 企业社会责任强度越大,企业生产产品的平均碳排放量越低,但总碳排放量越高。

命题 7 表明,为了渠道成员总收益最大化,制造商增大企业社会责任强度与再制造强度,并降低批发价格,以激励零售商投入更多成本进行回收活动,零售商废旧产品回收率提高,有效地提高了资源再利用强度,这在一定程度上减少了碳排放量。但批发价格和零售价格的降低,引起产品需求量的增大,企业生产产品数量增加,使企业碳排放量增大。由于企业生产规模扩大而导致碳排放量的增加量大于再制造活动所带来的碳排放量的减少量,因此企业总碳排放量增大。但是零售商废旧产品回收率的提高也使越来越多的废旧产品进行再制造,再制造活动对环境的积极影响能够减少单位产品碳排放量,使企业生产产品的平均碳排放量降低。企业总碳排放量增加的主要原因是产品数量的增加,而并非企业社会责任意识的淡薄。在生产相同数量产品时,社会责任型企业总碳排放量减少。从这点出发,社会责任型企业在一定程度上更能有效地减少单位产品碳排放量,在获取利润的同时,也体现对环境的保护。制造商应该合理地制定企业社会责任水平,以达到真正意义上碳排放量的减少,为保护环境做出贡献。这与上节所提到的内容相呼应,企业社会责任强度需要在一定范围内,当超出这个范围时,企业社会责任强度的增大无论是对渠道成员的经济效益还是环境效益都没有积极影响。

6.2.5　碳排放约束下 CSR 再制造供应链社会福利最大化模型

在以上小节中,本章着重分析了企业社会责任在碳排放约束下再制造供应链的最优决策问题。通过企业社会责任对最优零售价格与最优批发价格、最优回收率的影响,进一步揭示企业社会责任对零售商及制造商最优利润的影响,从企业社会责任的经济效益出发,探讨其在企业中展现出的积极作用。但企业的存在不仅是为了营利,企业还需兼顾维护社会公正与公平,维系经济和社会发展,保护资源和环境,承担社会保障和福利事业的责任。因此,本节对碳排放约束下企业社会责任的社会福利进行分析,从社会福利最大化出发构建决策模型,研究碳排放约束下企业社会责任再制造供应链的最优决策,并与总收益最大化模型进行比较,探究最优决策的不同。

根据曼昆的理论可知,社会福利等于企业利润(生产者剩余)和消费者剩余之和,生产者剩余即供应链渠道总利润。社会福利除了供应链渠道总利润与消费者剩余,还应包括政府支出或收入(在本章中体现为:当制造商碳排放量超出上限时,政府对其进行惩罚,此时政府获得收入;当制造商碳排放量未达到上限时,政府对其进行奖励),并减去制造商碳排放对社会造成的外部不经济。由此,可计算出社会福利为:

$$S = \left[(p - c_m) + (c_2 - c_0) r\right] (a - bp) - \alpha r^2 +$$
$$\frac{\theta}{2b}(a - bp)^2 - x\left[\sigma(a - bp)(1 - r + \lambda r) - v\right] \quad (6.13)$$

为求解 Stackelberg 博弈均衡,令 $\frac{\partial S}{\partial p} = 0$,$\frac{\partial S}{\partial r} = 0$,可得最优零售价格和最优回收率分别为:

$$p^s = \frac{a}{b} - \frac{2\alpha\left[a - b(c_m + \sigma x)\right]}{b\{4\alpha - 2\alpha\theta - b\left[(c_2 - c_0) + \sigma x(1 - \lambda)\right]^2\}} \quad (6.14)$$

$$r^s = \frac{(c_2 - c_0 + \sigma x - \lambda\sigma x)\left[a - b(c_m + \sigma x)\right]}{4\alpha - 2\alpha\theta - b\left[(c_2 - c_0) + \sigma x(1 - \lambda)\right]^2} \quad (6.15)$$

为了验证零售商收益函数的凹凸性,求出其海森矩阵为:

$$H_r^s = \begin{bmatrix} \dfrac{\partial^2 \pi_r^s}{\partial p^2} & \dfrac{\partial^2 \pi_r^s}{\partial p \partial r} \\ \dfrac{\partial^2 \pi_r^s}{\partial r \partial p} & \dfrac{\partial^2 \pi_r^s}{\partial r^2} \end{bmatrix} = \left\{ \begin{array}{cc} b\theta - 2b & -b[(c_2 - c_0) + \sigma x(1-\lambda)] \\ -b[(c_2 - c_0) + \sigma x(1-\lambda)] & -2\alpha \end{array} \right\}$$

由于 $H_r^s = 4\alpha b - 2\alpha b\theta - b^2[(c_2 - c_0) + \sigma x(1-\lambda)]^2$,因此,只有仅当 $H_r^s > 0$ 的条件下,即满足 $\alpha > \dfrac{b^2[(c_2 - c_0) + \sigma x(1-\lambda)]^2}{4b - 2b\theta}$ 时,零售商利润函数才为凹函数,存在最大值。将最优零售价格 p^s 与最优回收率 r^s 代入社会福利函数,可以得到最优社会福利为:

$$S = \dfrac{-\alpha[a - b(c_m + \sigma x)]^2}{b\{4\alpha - 2\alpha\theta - b[(c_2 - c_0) + \sigma x(1-\lambda)]^2\}} + vx \tag{6.16}$$

为了更加直观地体现社会福利最大化模型与制造商总收益最大化模型最优决策的区别,我们利用数值分析对二者进行比较。取 $a = 250, b = 0.5, c_0 = 20, c_1 = 30, c_2 = 35, c_m = 100, \alpha = 1\,200, \sigma = 20$。另外,在满足约束条件的情况下,设定 $v = 500, \lambda = 0.7, x = 1$。保持其他参数不变,对两种模型下的最优回收率、总收益、平均碳排放量及总碳排放量进行比较,如图 6.1、图 6.2、图 6.3 及图 6.4 所示,其中 r^p, π_m^p, t^p, T^p 代表制造商总收益最大化模型下的最优回收率、渠道总收益、平均碳排放量及总碳排放量;r^s, π_m^s, t^s, T^s 代表社会福利最大化模型下的最优回收率、社会福利、平均碳排放量及总碳排放量。

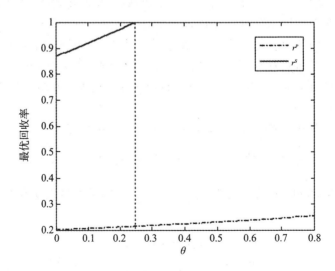

图 6.1 两种模型下的最优回收率比较

图 6.1 反映了当其他条件都相同时,随着企业社会责任强度的不断增大,两种模型下的最优回收率变化。由图可知,随着企业社会责任强度从 0 逐渐增大至 0.8,社会福利最大化模型下的回收率从 0.87 开始逐渐升高,并远高于制造商总收益最大化模型下的回收率。当 $\theta=0.25$ 时,回收率达到最大值 1,此后即使企业社会责任强度继续增大,回收率也只能维持最大值 1,说明企业社会责任强度具有一定范围限制。而制造商总收益最大化模型下,最优回收率在 0.2 至 0.3 之间逐渐升高,回收率较低,且浮动范围较小。这与社会福利最大化模型初衷一致,即考虑生产者、消费者及政府等多方利益,并注重于环境效益。在这种情况下,制造商加大再制造生产力度,渠道零售价格降低,从而使得消费者剩余增加,且零售商加大回收力度,使回收率提高。回收再制造作为一项能够创造环境效益的活动,其活动力度越大,则节能减排强度越大,社会福利越大。并且从图中可以看出,社会福利最大化模型下最优回收率比总收益最大化模型至少提高 0.6,二者差异显著,即社会福利最大化模型能显著提高废旧产品回收率,提高企业资源利用率,并更有助于企业树立社会责任形象。同时,废旧产品回收率的提高与政府意愿一致,更多的再制造活动使碳排放量相对降低。对于消费者而言,零售价格的降低是最直接的受益,社会福利最大化实现了消费者更高的期望,因此我们提出命题 8。

命题 8　与总收益最大化模型相比,社会福利最大化模型下废旧产品回收率更高。

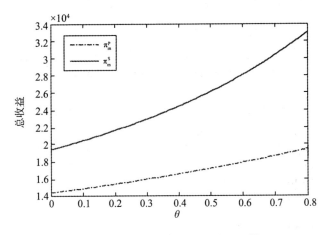

图 6.2　两种模型下的总收益比较

图 6.2 反映了当其他条件都相同时,随着企业社会责任强度的不断增大,两种模型下的总收益变化。由图可知,随着企业社会责任强度从 0 逐渐增大至 0.8,社

会福利从 19 200 逐渐增加至 33 000,而制造商总收益最大化模型下的总收益从 14 500逐渐增加至 19 200。社会福利最大化模型与制造商总收益最大化模型下的总收益都随着企业社会责任强度的增大而增加,且社会福利最大化模型下的总收益总是高于制造商总收益最大化模型下的总收益。可见,制造商总收益最大化并不代表着渠道总收益最大化。随着企业社会责任强度的不断增大,社会福利涨幅越来越大,且越来越高于制造商总收益最大化模型下的渠道总收益。这种变化主要来自社会福利最大化模型下较低的零售价格及较高的回收率,零售价格越低,顾客购买的产品越多,渠道总收益增加,而较高的回收率体现了较高的环境效益,因此社会福利增加,并高于制造商总收益最大化模型下的渠道总收益。从另一方面来看,社会福利最大化模型也可以看作集中决策模型,当把供应链渠道看作一个整体进行决策时,其总收益总是会大于分散决策时的总收益,因为其中消除了双重边际效应。这为企业决策提供了新的管理启示,因此我们提出命题 9。

命题 9 在渠道获利方面,社会福利最大化模型优于制造商总收益最大化模型。

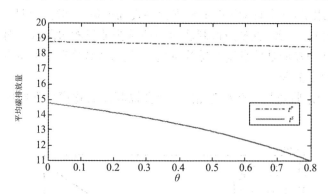

图 6.3 两种模型下的平均碳排放量比较

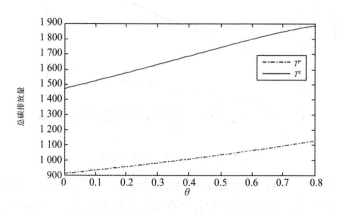

图 6.4 两种模型下的总碳排放量比较

图 6.3、图 6.4 反映了当其他条件都相同时,随着企业社会责任强度的不断增大,两种模型下的平均碳排放量和总碳排放量变化。由图可知,随着企业社会责任强度从 0 逐渐增大至 0.8,社会福利最大化模型下平均碳排放量从 14.8 逐渐下降至 11,而总碳排放量从 1 480 逐渐上升至 1 900;制造商总收益最大化模型下平均碳排放量从 18.8 逐渐下降至 18.5,而总碳排放量大约从 920 上升至 1 120。平均碳排放量随企业社会责任强度的增大而下降,而总碳排放量随企业社会责任强度的增大而提高。社会福利最大化模型下平均碳排放量低于制造商总收益最大化模型,且下降幅度较大,说明社会福利最大化模型有效地减少了产品平均碳排放量,体现了其环境效益。但与此同时,其总碳排放量高于制造商总收益最大化模型下的总碳排放量。社会福利最大化模型下,产品零售价格较低,因此需求量较大,产品总碳排放量较高。但是此种模型下废旧产品回收率也较高,更多的废旧产品将会进行再制造,而再制造活动对碳排放具有积极作用,因此尽管总碳排放量较高,但是单位产品碳排放量较低。相对来说,社会福利最大化模型对环境产生的仍是积极的影响,因此我们提出命题 10。

命题 10 与制造商总收益最大化模型相比,社会福利最大化模型下总碳排放量较高,但单位产品碳排放量较低。

6.3　数值算例

本节提供数值实例来说明上述分析结果,对碳排放约束下制造商有无企业社会责任两种情况下供应链各成员的最优利润进行比较,并验证再制造减排系数 λ、政府奖惩系数 x、碳排放量上限 v 及企业社会责任强度 θ 对最优决策的影响。设定基本参数为:$c_0 = 20, c_1 = 30, c_2 = 35, c_m = 100, \alpha = 1\ 200, \sigma = 20$。另外,假定需求为价格的线性函数,且 $D(p) = a - bp, a = 250, b = 0.5$。

6.3.1　再制造减排系数对最优决策的影响

基于上述数据,当研究再制造减排系数 λ 对最优决策的影响时,需要使其他参数保持不变,因此,在满足约束条件的情况下,设定 $v = 500, x = 10, \theta = 0.5$。$\lambda$ 从 0 至 1 发生变化,在非企业社会责任型和企业社会责任型两种情况下,λ 对最优批发价格和最优零售价格、最优回收率、零售商利润和制造商利润、平均碳排放量、总碳排放量的影响分别如图 6.5、图 6.6、图 6.7 及图 6.8、图 6.9 所示,其中,w^n、p^n、r^n、π_r^n、π_m^n 及 t^n、T^n 为 Case1——制造商为非企业社会责任型下的最优批发价格、最优零售价格、最优回收率、零售商最优利润、制造商利润及平均碳排放量、总碳排放量,而 w^p、p^p、r^p、π_r^p、π_m^p 及 t^p、T^p 为 Case2——制造商为企业社会责任型下的最优批发价格、最优零售价格、最优回收率、零售商最优利润、制造商最优利润及平均碳排放量、总碳排放量。

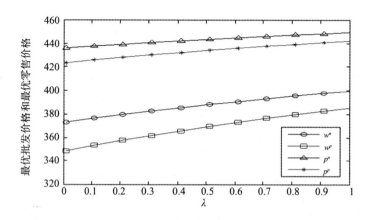

图 6.5　再制造减排系数 λ 对最优批发价格及最优零售价格的影响

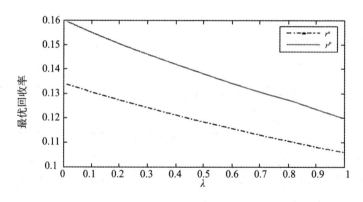

图 6.6　再制造减排系数 λ 对最优回收率的影响

图 6.5 反映了再制造减排系数对最优批发价格及最优零售价格的影响。在 λ 从 0 逐渐增大至 1 的过程中,通过回收再制造带来的节能减排效用越弱。在不考虑企业社会责任的情况下,最优批发价格从 372 逐渐上升至 400;而当制造商为企业社会责任型时,最优批发价格从 348 逐渐上升至 385。可见,无论是非企业社会责任型,还是企业社会责任型,最优批发价格均随着再制造减排系数的增大而上升,且增速均较为平稳,企业社会责任的加入使最优批发价格整体下降。随着再制造减排系数 λ 的增大,Case1 下最优零售价格从 435 逐渐上升至

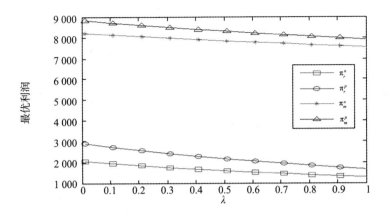

图 6.7　再制造减排系数 λ 对制造商最优利润和零售商最优利润的影响

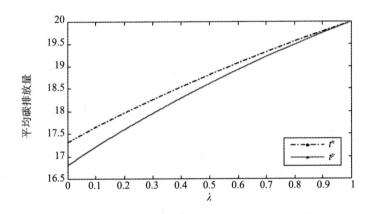

图 6.8　再制造减排系数 λ 对平均碳排放量的影响

450；Case2 下最优零售价格从 423 逐渐上升至 442，即最优零售价格与再制造减排系数呈正相关关系，企业社会责任的引入使最优零售价格整体下降。图 6.6 反映了再制造减排系数对最优回收率的影响。随着再制造减排系数的不断增大，Case1 下最优回收率从 0.135 逐渐下降至 0.105，而 Case2 下最优回收率从 0.16 逐渐下降至 0.12，可见，再制造减排系数与最优回收率呈负相关关系，且在企业社会责任型下，最优回收率的下降幅度增大。在碳排放约束下，由于再制造对碳排放的积极作用越来越小，制造商会大大降低再制造力度，因此零售商回收努力程度降低，产品回收率随之下降，产品的批发价格和零售价格则上升。图 6.7 反映了再制造减排系数对渠道各成员最优利润的影响。随着再制造减排系数的不断增大，渠道各成员利润均呈下降趋势，再制造减排系数与零售商最优利润和制造商最优利润均呈负相关关系。而较 Case1 而言，Case2 下渠道各成员

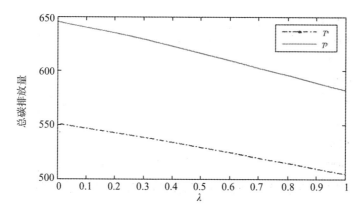

图 6.9 再制造减排系数 λ 对总碳排放量的影响

利润更高,企业社会责任的引入使渠道利润增加。图 6.8、图 6.9 分别反映了再制造减排系数对平均碳排放量及总碳排放量的影响。Case1 下,随着再制造减排系数从 0 逐渐增大至 1,平均碳排放量从 17.3 逐渐增大至 20,而总碳排放量大约从 560 下降至 510;Case2 下,平均碳排放量从 16.8 逐渐增大至 20,而总碳排放量大约从 645 下降至 580。两种 Case 情况下平均碳排放量均随再制造减排系数的增大而提高,而总碳排放量随再制造减排系数的增大而降低。制造商再制造力度降低使得回收率降低,从而使得单位产品碳排放量升高,但零售价格的升高使得产品总需求降低,总碳排放量随之下降。可见以上数值实例分析结果与命题 3 一致。

6.3.2 政府奖惩系数对最优决策的影响

当研究政府奖惩系数 x 对最优决策的影响时,需要使其他参数保持不变,因此,在满足约束条件的情况下,设定 $v=500,\lambda=0.7,\theta=0.5$。$x$ 从 0 开始变化,且需满足约束条件:$x<\dfrac{a-bc_m}{b\sigma}$,即 $x<20$。在非企业社会责任型和企业社会责任型两种情况下,x 对最优批发价格和最优零售价、最优回收率、零售商最优利润和制造商最优利润、平均碳排放量、总碳排放量的影响分别如图 6.10、图 6.11、图 6.12、图 6.13、图 6.14 所示。

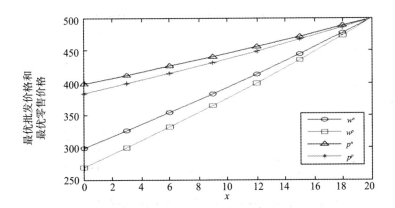

图 6.10　政府奖惩系数 x 对最优批发价格和最优零售价格的影响

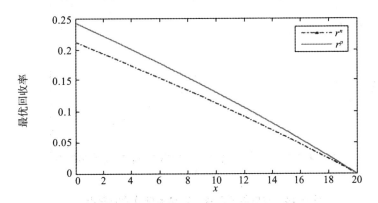

图 6.11　政府奖惩系数 x 对最优回收率的影响

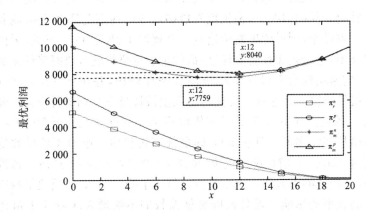

图 6.12　政府奖惩系数 x 对制造商最优利润及零售商最优利润的影响

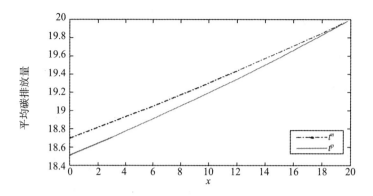

图 6.13 政府奖惩系数 x 对平均碳排放量的影响

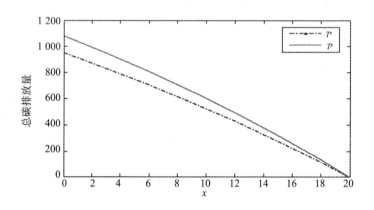

图 6.14 政府奖惩系数 x 对总碳排放量的影响

图 6.10 反映了政府奖惩系数对最优批发价格和最优零售价格的影响。在不考虑企业社会责任的情况下,最优批发价格从 300 逐渐上升至 500;倘若制造商为企业社会责任型,则最优批发价格从 270 逐渐上升至 500。可见,无论是非企业社会责任型,还是企业社会责任型,最优批发价格均随着政府奖惩系数的增大而上升,且增速均较为平稳,Case2 下增长速度较快,并在 $x=20$ 时与 Case1 达成一致的批发价格。企业社会责任的加入使最优批发价格整体下降。随着政府奖惩系数 x 的增大,Case1 下最优零售价格从 400 逐渐上升至 500;Case2 下最优零售价格从 385 逐渐上升至 500,即最优零售价格与政府奖惩系数呈正相关关系。同时,Case2 下增长速度较快,并在 $x=20$ 时与 Case1 达成一致的零售价格,企业社会责任的引入使最优零售价格整体下降。图 6.11 反映了政府奖惩系数对最优回收率的影响。随着政府奖惩系数的不断增大,Case1 下最优回收率从 0.21 逐渐下降至 0,而 Case2 下最优回收率从 0.24 逐渐下降至 0,可见,政

120

府奖惩系数与最优回收率呈负相关关系，且在企业社会责任型下，最优回收率的下降幅度增大。当 $x=20$ 时，最优回收率为 0，因此，约束条件 $x<\dfrac{(a-bc_m)}{b\sigma}$ 是具有实践意义的，若 x 继续增大，则最优回收率持续下降甚至为负，但实际情况是最优回收率最小为 0，此时若继续增大政府奖惩系数，对最优决策并无影响。政府对制造商设定的减排奖惩系数增大时，制造商为了不使自己付出较大惩罚成本，会控制再制造产品生产，因此零售商回收努力程度相应降低，回收率则会降低，零售价格与批发价格提高。图 6.12 反映了政府奖惩系数对渠道各成员最优利润的影响。随着政府奖惩系数的不断增大，零售商最优利润呈下降趋势，政府奖惩系数与零售商最优利润呈负相关关系，而制造商最优利润呈先下降后上升趋势。政府奖惩系数增大使回收率降低，零售价格与批发价格提高，导致产品需求量减少，零售商利润降低。对于制造商而言，起初产品需求量减少所带来的损失远大于政府奖励收入，因此制造商利润逐渐减少。而随着政府奖惩系数的不断增大，总碳排放量减少，制造商所获得的政府奖励越来越多，逐渐超过因产品需求量减少而带来的利润损失，因此当政府奖惩系数增大到一定程度时，制造商利润开始逐渐增大。从图中可看出，当 $x=12$ 时，两种情况下制造商利润均达到最低点，其中 $\pi_m1=7\,759,\pi_m2=8\,040$，而较 Case1 而言，Case2 下渠道各成员利润更高，企业社会责任的引入使渠道利润增加。图 6.13、图 6.14 分别反映了政府奖惩系数对平均碳排放量及总碳排放量的影响。Case1 下，随着政府奖惩系数从 0 逐渐增大至 20，平均碳排放量从 18.7 逐渐增大至 20，而总碳排放量大约从 950 下降至 0；Case2 下，平均碳排放量从 18.5 逐渐增大至 20，而总碳排放量大约从 1 100 下降至 0。两种 Case 下平均碳排放量均随政府奖惩系数的增大而提高，而总碳排放量随政府奖惩系数的增大而降低。可见，以上数值实例分析结果与命题 4 一致。

6.3.3　企业社会责任强度对最优决策的影响

当研究企业社会责任强度 θ 对最优决策的影响时，需要使其他参数保持不变，因此，在满足约束条件的情况下，设定 $v=500,\lambda=0.7,x=10$。在非企业社会责任型和企业社会责任型两种情况下，θ 对最优批发价格和最优零售价格、最优回收率、零售商最优利润和制造商最优利润、平均碳排放量、总碳排放量的影响分别如图 6.15、图 6.16、图 6.17、图 6.18、图 6.19 所示。

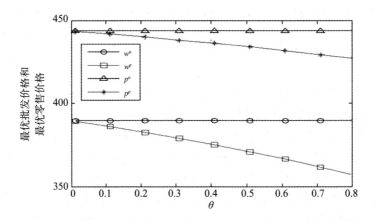

图 6.15　企业社会责任强度 θ 对最优批发价格和最优零售价格的影响

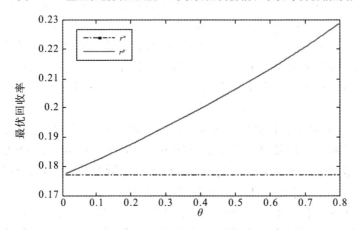

图 6.16　企业社会责任强度 θ 对最优回收率的影响

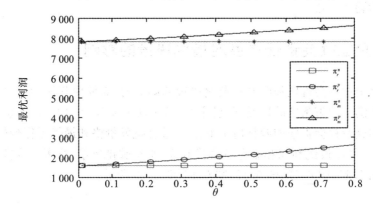

图 6.17　企业社会责任强度 θ 对制造商最优利润和零售商最优利润的影响

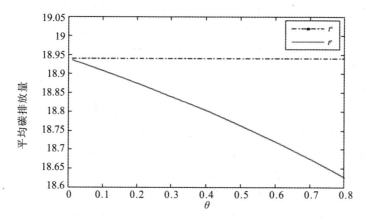

图 6.18　企业社会责任强度 θ 对平均碳排放量的影响

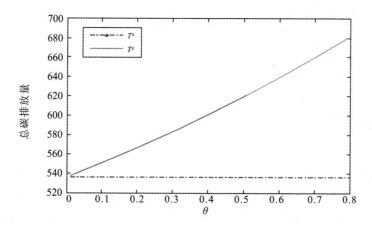

图 6.19　企业社会责任强度 θ 对总碳排放量的影响

图 6.15 反映了企业社会责任强度对最优批发价格和最优零售价格的影响。企业社会责任的引入使最优批发价格降低,Case1 下最优批发价格维持 389 不变,Case2 下随着企业社会责任强度从 0 不断增加至 0.8,最优批发价格从 389 逐渐下降至 358,最优批发价格与企业社会责任强度呈负相关关系。而 Case1 下最优零售价格一直保持 444 不变,Case2 下最优零售价格从 444 逐渐下降至 428,即最优零售价格与企业社会责任强度呈负相关关系。同时,企业社会责任的引入使最优零售价格整体下降。图 6.16 反映了企业社会责任强度对最优回收率的影响。随着企业社会责任强度的不断增大,Case1 下最优回收率为 0.177,而 Case2 下最优回收率从 0.177 逐渐上升至 0.229,可见,企业社会责任强度与最优回收率呈正相关关系,且在企业社会责任型下,最优回收率提高,因

123

为制造商为社会责任型,并将回收作为企业社会责任的体现,当企业社会责任强度越高时,制造商再制造强度越大,同时批发价格越低。作为回应,零售商付出更大回收努力进行废旧产品回收,回收率增大。图 6.17 反映了企业社会责任强度对渠道各成员最优利润的影响。随着企业社会责任强度的不断增大,渠道各成员最优利润均呈上升趋势,零售价格的降低鼓励顾客购买更多产品,导致需求量增大,因此零售商利润与制造商总利润增加,企业社会责任强度影响了企业决策。虽然制造商净利润降低,但其获得的消费者剩余超过了净利润损失,制造商总利润增加,渠道各成员整体获益。图 6.18、图 6.19 分别反映了企业社会责任强度对平均碳排放量及总碳排放量的影响。Case1 下,随着企业社会责任强度逐渐增大,平均碳排放量约为 18.94,而总碳排放量约为 537;Case2 下,平均碳排放量从 18.94 逐渐下降至 18.63,而总碳排放量大约从 537 上升至 680。Case2 下平均碳排放量随企业社会责任强度的增大而下降,而总碳排放量随企业社会责任强度的增大而提高。需求量的增大使产品总碳排放量增大,但是由于回收率增大,越来越多的废旧产品进行再制造,再制造活动对碳排放具有积极作用,因此,尽管总碳排放量上升,但是平均碳排放量下降。以上数值实例结果与命题 6 和命题 7 一致。

6.4　结　论

本章研究了政府碳约束政策下企业社会责任型再制造供应链的最优决策问题,探讨了碳排放约束与企业社会责任强度对回收再制造决策的影响,并对制造商总收益最大化模型与社会福利最大化模型进行了比较分析。其中,制造商负责生产新产品和再制造产品,而零售商负责从消费者手中回收废旧产品。借鉴已有研究,将企业社会责任以消费者剩余的形式纳入模型之中。而不同于以往研究的是,本章将碳排放约束与企业社会责任结合在一起,从定量分析角度揭示出企业社会责任对碳排放的影响,并引入社会福利最大化模型,从社会福利方面探讨了碳排放约束与企业社会责任的作用。

基于本章研究结果,提出了一些主要的发现与启示。

(1)当产品再制造减排的积极作用越来越大时,零售商进行回收的力度也越来越大。对再制造减排系数较小的企业来说,碳约束促使单位产品的碳排放量减少,但产品价格降低使得产品需求量增大,从而导致企业总碳排放量提高,此时政府碳排放约束对企业的不友好会抑制企业再制造活动。因此,对于不同再制造减排系数的企业,政府的碳排放约束政策应做出适当的调整。

(2)政府奖惩系数的增大使回收率降低,并使制造商利润呈现先下降后上升的趋势。此外,制造商利润的下降速度大于增长速度,意味着通过对产品的碳排放量进行测定并实施奖惩制度进行碳排放量控制的政策很容易得到制造商的支持。因此,在确保企业收益的条件下限制碳排放量,政府需要合理地制定碳排放量上限和奖惩系数,以实现经济利益和环境效益的共赢。

(3)遵循 Vickers 所提及的非营利最大化原则,将企业社会责任引入之后,废旧产品回收率及渠道各成员利润与企业社会责任强度成正比,但回收率具有一定范围限制。制造商践行企业社会责任不仅有利于树立积极的企业形象,更是创造利润的重要手段。因此,为了展现出绿色制造理念以使企业更富竞争力,制造商会加大企业社会责任强度,但需将其控制在一定阈值内,因为超出这一阈值,企业社会责任的增加并不会使回收率继续提高。

(4)企业社会责任强度的增大使单位产品的碳排放量减少,但企业总碳排放量增多,这与我们的现实认知存在些许出入。一般来说,碳排放量是企业社会责任履行情况的部分体现,企业社会责任强度越大,则碳排放量越小。而分析显示,企业总碳排放量增多,这意味着产品价格降低引起的产品需求显著扩大,新增产品碳排放量远大于企业社会责任强度增大所带来的减排量。从这一角度考虑,企业也应合理控制社会责任强度大小。同时,政府本应对具有社会责任的企业进行奖励,但随着企业社会责任强度的增大,政府会对超出企业碳排放量上限的部分进行惩罚,这是相互矛盾的。因此,关于政府如何平衡企业社会责任强度与碳排放量之间的奖励与惩罚的拓展性研究是十分重要的。

(5)在渠道获利方面,社会福利最大化模型优于制造商总收益最大化模型。以社会福利最大化为出发点,注重企业社会责任与环境效益,已不仅是企业可持续发展的助力,更是企业获利的新方向,这也为企业决策者提供了新的管理启示。

第7章 总 结

7.1 总 结

再制造供应链是从产品价值链的末端出发,以最大化产品生命周期和降低资源消耗为目标,兼顾经济、社会、环境等多方利益,符合循环经济理论。再制造供应链的研究是与消费者支付意愿、企业社会责任分不开的,国内外学者关于再制造供应链的研究颇为丰富,基于现有文献的研究结果,本文以再制造供应链为研究对象,综合考虑回收品质量、消费者支付意愿差异、企业社会责任、碳约束等因素,在不同的问题背景下分析再制造供应链中制造商、回收商、零售商以及政府的最优定价与生产决策。具体研究结论总结如下:

(1)基于消费者支付意愿存在差异的背景,结合消费者效用理论确定了新产品与再制造产品的需求函数。考虑到在废旧产品回收过程中,每个用户对于产品的使用耗损不一样,造成回收产品的质量存在差异,这必然会影响到进行再制造的生产成本。因此,在基于废旧产品回收质量存在差异的情况下,对再制造过程进行分析,设定质量系数,并进一步确定了受回收质量影响的再制造过程成本函数、回收价格函数、回收率函数、回收成本函数。结合实际情况,在回收价格随回收质量改变以及回收价格面向质量差异而统一制定两种情况下构建了由单一制造商、单一零售商及消费者共同组成的再制造供应链博弈模型,分析在分散决策与集中决策下的最优定价决策,并引入收益共享契约对供应链进行协调。

(2)通过在一阶段和两阶段再制造供应链中建立多种再制造模式,来确定制造商的最优生产决策。我们得到,制造商应该在一阶段和两阶段都参与再制造活动,这意味着制造商可以通过收取分销商和第三方的专利许可费来提高收入,从而保证双方都获得利润。再制造企业应不断降低成本,以获得再制造专利许可,这将有利于再制造供应链长期的可持续发展。考虑到回收率和回收量约束,其他混合再制造模式的排序将取决于 WTP 比率。如果 WTP 比率达到特定阈值时,制造商将选择第三方作为其联合回收伙伴,从而产生更高的利润、更高的消费者剩余和更高的回收率。如果 WTP 比率足够高,制造商将选择分销商作为再制造的合作伙伴。在这种情况下,制造商应该提升消费者对再制造产品的认知,因为再制造减少资源消耗和废物排放,并产生比混合再制造模式更多的利润。

(3)通过设定内生性企业社会责任和外生性企业社会责任假设来研究再制造供应链的生产和协调问题。提升企业社会责任强度可以有效提高制造商和零售商的收入,专利许可费对调节制造商的收入和鼓励零售商进行再制造具有重要的监管作用。考虑到再制造供应链成员具有企业社会责任比传统的利润最大化供应链更具竞争力,在实践中,提高消费者的社会责任意识,提高企业的社会责任水平,可以实现收入和社会福利的双赢局面。收益共享契约可以协调企业社会责任下再制造供应链。

(4)考虑了消费者对新产品和再制造产品的 WTP 差异,利用 Stackelberg 博弈分析了企业社会责任活动的制造商,并考虑了在两种不同企业社会责任水平模型下的产品价格、回收率、消费者剩余和供应链各成员的利润。当消费者对新产品和再制造产品的 WTP 处于特定阈值之内时,供应链各成员处于最优状态。通过比较分散决策模型和集中决策模型下的最优价格决策和预期利润,发现在 WTP 差异下,零售价格、批发价格和回收率随着 CSR 的提高而降低。集中决策模型的零售价格低于分散决策模型的零售价格。相反,需求增量越大,利润越高。最重要的是,在通常情况下,制造商的纯利润和总利润在上升,而零售商的利润在下降。并且可以通过设置收益共享契约激励供应链中的参与者参与企业社会责任活动。

(5)研究了政府碳约束政策下企业社会责任型再制造供应链的最优决策问题,探讨了碳排放约束与企业社会责任强度对回收再制造决策的影响,并对制造商总收益最大化模型与社会福利最大化模型进行了比较分析。其中,制造商负责生产新产品和再制造产品,而零售商负责从消费者手中回收废旧产品。我们发现,当产品再制造减排的积极作用越大时,零售商进行回收的力度也越大;政府奖惩系数增大会使回收率降低,并使制造商利率呈先降后升的趋势;废旧产品回收率及渠道各成员利润与企业社会责任强度成正比,但有一定范围限制。因此,研究政府如何平衡企业社会责任强度与碳排放量之间的奖惩是十分重要的。

7.2　研究展望

(1)第 2 章所构建的模型还可以进行扩展,例如对新产品的支付意愿进行讨论。参考已有研究,假设其服从一个特殊的均匀分布,但支付意愿因人而异,因此支付意愿可以是一个模糊数,或进一步研究其他分布和不确定需求的情形。由于废旧产品可以进行多次回收,故可以进一步扩展为两个周期或多个周期。此外,对于第 2 章中回收价格随回收质量改变以及回收价格面向质量差异而统一制定两种情况下的最优决策还可以进一步进行对比,例如考虑质量系数服从均匀分布、指数分布等情况时的比较。还可以考虑多个制造商竞争或是供应链之间的竞争情形,在竞争情形下分析再制造决策。

(2)第 3 章的结论仅来自数学模型推导,而非实证研究,且不适用于特定的再制造行业或产品。因此,我们可以寻找现实问题的真实数据来验证我们的模型结算。此外,第 3 章的研究中的混合再制造模式不包括多家制造商在回收和再制造中的竞争,可以以此进行拓展补充研究。

(3)第 4 章的研究均采用线性需求,而在随机需求的内部,仍然存在如何求解模型的问题。另外,第 4 章采用收益共享契约来协调再制造供应链,我们还可以尝试采用数量折扣契约和讨价还价模型进行协调。

(4)第 5 章中假设消费者对所有的再制造产品有共同的 ε 值,并且 ε 值的变化程度是相同的,实际上,消费者对不同的再制造产品有不同的偏好,因此 ε 值是不同的。以后的研究可以对此进行研讨。

(5)政府奖惩系数与碳排放量上限对企业利润有重大影响,政府需要合理制定奖惩系数和碳排放量上限,但第 6 章并未展开对其具体的分析讨论,因此对奖惩系数和碳排放量上限的深入研究是具有实际意义的。企业社会责任强度增大使总碳排放量增多,政府如何在碳排放约束下合理地对社会责任型企业进行奖励,并对碳排放量超出上限的企业进行惩罚,是未来值得拓展研究的问题。社会福利最大化模型是渠道总收益最大的模型,如何有效协调制造商和零售商使二者能够为供应链渠道总收益最大而努力,也是未来研究方向之一。尽管第 6 章诸多假设与前提限制了模型的应用场景,但文中研究结果仍具有普遍的现实意义,对于碳排放约束政策的制定及企业社会责任型再制造供应链的管理都具有积极的影响。

参考文献

[1] Xie D C, Chen H. Coordination of a Dual-channel Closed-loop Supply Chain with Demand Disruption under Revenue-sharing Contract. Bio Technology: An Indian Journal, 2014, 10(24):15220-15229.

[2] Xie J P, Liang L, Liu L H. Coordination Contracts of Dual-channel with Cooperation Advertising in Closed-loop Supply Chains. International Journal of Production Economics, 2017,183:528-538.

[3] Saha S, Sarmah S P, Moon I. Dual-channel closed-loop supply chain coordination with a reward-driven remanufacturing policy. International Journal of Production Research, 2016, 54(5):1503-1517.

[4] Giri B C, Chakraborty A, Maiti T. Pricing and Return Product Collection Decisions in a Closed-loop Supply Chain with Dual-channel in Both Forward and Reverse Logistics. Journal of Manufacturing System, 2017,42:104-123.

[5] Gan S S, Pujawan I N, Suparno. Pricing Decision for New and Remanufactured Product in a Closed-loop Supply Chain with Separate Sales-channel. International Journal of Production Economics, 2016,190:120-132.

[6] Jena S K, Sarmah S P. Price Competition and Cooperation in a Duopoly Closed-loop Supply Chain. International Journal of Production Economics, 2014,156(5):346-360.

[7] Wu H, Han X, Yang Q. Production and coordination decisions in a closed-loop supply chain with remanufacturing cost disruptions when retailers compete. Journal of Intelliigent Manufacturing, 2018,29(1):227-235.

[8] Xiong Y, Zhao Q, Zhou Y. Manufacturer-remanufacturing vs Supplier-remanufacturing in a Closed-loop Supply Chain. International Journal of Production Economics, 2016,176:21-28.

[9] Zheng B, Yang C, Yang J. Dual-channel Closed-Loop Supply Chains: Forward Channel Competition, Power Structures and Coordination. International Journal of Production Research, 2017,55(12):3510-3527.

[10] Wang N, He Q, Jiang B. Hybrid closed-loop supply chains with competition in recycling and product markets. International Journal of Production Economics, 2018,01(8):12-21.

[11] Guide V, Daniel R Jr, Teunter R H;, Van Wassenhove L N. Matching demand and supply

to maximize profits from remanufacturing. Manufacturing & Service Operations Management, 2003, 5: 303-316.

[12] Savaskan R, Canan B S, Van Wassenhove L N. Closed-loop supply chain models with product remanufacturing. Management Science, 2004, 50: 239-252.

[13] Huang M, Song M, Lee L H. Ching, W. K. Analysis for strategy of closed-loop supply chain with dual recycling channel. International Journal of Production Economics, 2013, 144: 510-520.

[14] Yi P, Huang M, Guo L, Shi T. Dual recycling channel decision in retailer oriented closed-loop supply chain for construction machinery remanufacturing. Journal of Cleaner Production, 2016, 137: 1393-1405.

[15] Georgiadis P. An integrated System Dynamics model for strategic capacity planning in closed-loop recycling networks: A dynamic analysis for the paper industry. Simulation Modelling Practice and Theory, 2013, 32: 116-137.

[16] Modak N M, Modak N, Panda S, Sana S S. Analyzing structure of two-echelon closed-loop supply chain for pricing, quality and recycling management. Journal of Cleaner Production, 2018, 171: 512-528.

[17] Su J, Li C, Zeng Q, Yang J, Zhang J. A green closed-loop supply chain coordination mechanism based on third-party recycling. Sustainability, 2019, 11: 5335-5343.

[18] Xu L, Wang C, Cheng X, Chen W. Decision and coordination of closed-loop supply chain considering recycling channel competition. Industrial Engineering and Management, 2018, 23: 26-32.

[19] Rahman S, Subramanian N. Factors for implementing end-of-life computer recycling operations in reverse supply chains. International Journal of Production Economics, 2012, 140(1): 239-248.

[20] Galbreth M R, Blackburn J D. Optimal Acquisition and Sorting Policies for Remanufacturing. Production and Operations Management, 2009, 15(3): 384-392.

[21] Aksen D, Aras N, Karaarslan A G. Design and analysis of government subsidized collection systems for incentive-dependent returns. International Journal of Production Economics, 2009, 119(2): 308-327.

[22] 陈丽华, 王波. 回收率依赖回收产品质量的再制造 EOQ 模型. 数学的实践与认识, 2010, 40(23): 55-61.

[23] 刘慧慧, 黄涛, 雷明. 废旧电器电子产品双渠道回收模型及政府补贴作用研究. 中国管理科学, 2013, 21(3): 123-131.

[24] Guo J, Ya G. Strategies for Manufacturing/Remanufacturing System with the Consideration of the Quality of Recycled Products. Computers Industrial Engineering, 2015, 89(11): 226-234.

[25] Aydin R, Kwong C K, Geda M W. Determining the Optimal Quantity and Quality Levels

of Used Product Returns for Remanufacturing under Multi-period and Uncertain Quality of Returns. The International Journal of Advanced Manufacturing Technology, 2018, 94(4):4401-4414.

[26] Taleizadeh A A, Haghighi F, Niaki S T. Modeling and solving a sustain able closed loop supply chain problem with pricing decisions and discounts on returned products. Journal of Cleaner Production, 2019, 207(10):163-18.

[27] 冯珍,刘桂林,李红. 再使用产品质量特性的确定. 数学的实践与认识, 2010, 40(2):46-50.

[28] Robotis A, Boyaci T, Verter V. Investing in reusability of products of uncertain remanufacturing cost: The role of inspection capabilities. International Journal of Production Economics, 2012, 140(1):385-395.

[29] 谢家平,迟琳娜,梁玲. 基于产品质量内生的制造/再制造最优生产决策. 管理科学学报, 2012, 15(8):12-23.

[30] 高雅,郭健全. 回收品质量水平的再制造系统研究. 上海理工大学学报, 2014, 36(3): 287-294.

[31] Mashhadi A R, Behdad S. Optimal sorting policies in remanufacturing systems Application of product life-cycle data in quality grading and end-of-use recovery al of Manufacturing Systems, 2017, 43(1):15-24.

[32] Huiya B, Aybek K. Performance analysis of a hybrid system under quality impact of returns. Computers Industrial Engineering, 2009, 56(2):507-520.

[33] Denizel M, Ferguson M, Souza G C, et al. Multiperiod Remanufacturing Planning with Uncertain Quality of Inputs. IEEE Transactions on Engineering Management, 2010, 57(3):394-404.

[34] Teunter R H, Flapper S S. Optimal core acquisition and re manufacturing policies under uncertain core quality fractions. Europe and Journal of Operational Research, 2011, 210(2):241-248.

[35] 杨爱峰,季园园,胡小建. 质量不确定的回收品采购量及再制造排序策略. 合肥工业大学学报, 2014, 37(4):473-477.

[36] Atasu A, Souza G C. How Does Product Recovery Affect Quality Choice Production and Operations Management, 2013, 22(4):991-1010.

[37] Radhi M, Zhang G. Optimal configuration of re manufacturing supply network with return quality decision. International Journal of Production Research, 2016, 54(5):1487-1502.

[38] 周雄伟,熊花纬,陈晓红. 基于回收产品质量水平的闭环供应链渠道选择模型. 控制与决策, 2017, 32(2):193-202.

[39] Jeihoonian M, Zanjani M K, Gendreau M. Closed-loop supply chain network design under uncertain quality status: Case of durable products International Journal of Production Economics, 2017, 183(1):470-486.

[40] Zhou J, Deng Q, Li T. Optimal acquisition and remanufacturing policies considering the

effect of quality uncertainty on carbon missions.Journal of Cleaner Production.2018,186：180-190.

[41] 樊松,张敏洪.闭环供应链中回收价格变化的回收渠道选择问题.中国科学院研究生学报,2008,25(2)：151-160.

[42] 李响,李勇建.随机环境下考虑回收定价和销售定价的逆向供应链优化与协调研究.系统科学与数学,2012,31(11)：1511-1523.

[43] Yan N.Dynamic Models and Coordination Analysis of Reverse Supply Chain with Remanufacturing.Physics Procedia,2012,24(Part B)：1357-1363.

[44] 孙嘉轶,滕春贤,陈兆波.基于回收价格与销售数量的再制造闭环供应链渠道选择模型.系统工程理论与实践,2013,12(12)：3079-3086.

[45] Meng K,Lou P H,Peng X,Prybutok V.Multi-objective optimization decision-making of quality dependent product recovery for sustainability.International Journal of Production Economics,2017,188(6)：72-85.

[46] Wei j,Zhao J.Pricing decisions with retail competition in a fuzzy closed-loop supply chain.Expert Systems with Applications,2011,38(9)：11209-11216.

[47] 蹇明,陈志刚.策略性信息泄露情形下的逆向供应链回收定价策略.计算机集成制造系统,2014,20(8)：2000-2007.

[48] He Y.Acquisition pricing and remanufacturing decisions in a closed-loop supply chain International Journal of Production Economics,2015,163(5)：58-60.

[49] Guide V D R,Van Wassenhove L N.Closed-loop Supply Chains：Practice and Potential. terraces,2003,33(6)：1-2.

[50] Saadany A E,Jaber M Y.A production/re manufacturing inventory model with price and quality dependent return rate.Computers Industrial Engineering,2010,58(3)：352-362.

[51] Cai X Q,Lai M H,Li X,Li Y J,Wu X Y.Optimal acquisition and production policy in a hybrid manufacturing/remanufacturing system with core acquisition at different quality levels.European Journal of operational Research,2014,233(2)：374-382.

[52] Bhattacharya R,Kaur A.Allocation of external returns of different quality grades to multiple stages of a closed loop supply chain.Journal of Manufacturing Systems,2015, 37(3)：692-702.

[53] 顾巧论,高铁杠,石连栓.基于博弈论的逆向供应链定价策略分析.系统工程理论与实践, 2005,25(3)：20-25.

[54] Pokharel S,Liang Y.A model to evaluate acquisition price and quantity of used products for remanufacturing.International Journal of Production Economics,2038(1)：170-176.

[55] Liu H H,Lei M,Deng H H,Leong K,Huang T.A dual channel,quality-based price competition model for the WEEE recycling market with government subsidy.Omega,2016, 59(Part B)：290-302.

[56] Huang M,Yi P,Shi T,Guo L.A modal interval based method for dynamic decision model

considering uncertain quality of used products in remanufacturing. Journal of Intelligent manufacturing, 2015, 29(4):925-935.

[57] Cruz J M. The impact of corporate social responsibility in supply chain management: multicriteria decision-making approach. Decision Support Systems, 2009, 48(01):224-236.

[58] Zhao D, Chen H M, Hong X P, Liu J F. Technology licensing contracts with network effects. International Journal of Production Economics, 2014, 158:136-144.

[59] Huang Y, Wang Z. Closed-loop supply chain models with product take-back and hybrid remanufacturing under technology licensing. Journal of Cleaner Production, 2016, 142: 3917-3927.

[60] Hong X P, Govindan K, Xu L, Peng D. Quantity and collection decisions in a closed-loop supply chain with technology licensing. European Journal of Operational Research, 2017, 256(3):820-829.

[61] Sun H, Ye J, Hu J S, Da Q L, Wang K. Research on the game strategies for the OEM and the remanufacturer under different decision structures. Chinese Journal of Management Science, 2017, 25(1):160-169.

[62] Huang Y, Wang Z. Information sharing in a closed-loop supply chain with technology licensing. International Journal of Production Economics, 2017, 191:113-127.

[63] Jin L, Zheng B, Hu X. Patent licensing, production outsourcing and corporate social responsibility. Nankai Business Review, 2019, 22(03):40-53.

[64] Hammami R, Nouira I, Frein Y. Carbon emissions in a multi-echelon production-inventory model with lead time constraints. International Journal of Production Economics, 2015, 164:292-307.

[65] Cheng C, Qi M, Wang X. Multi-period inventory routing problem under carbon emission regulations. International Journal of Production Economics, 2016, 182:263-275.

[66] Qi Q, Wang J, Bai Q. Pricing decision of a two-echelon supply chain with one supplier and two retailers under a carbon cap regulation. Journal of Cleaner Production, 2017, 151: 286-302.

[67] Yang L, Ji J, Wang M. The manufacturer's joint decisions of channel selections and carbon emission reductions under the cap-and-trade regulation. Journal of Cleaner Production, 2018, 193:506-523.

[68] Yang L, Zheng C, Xu M. Comparisons of low carbon policies in supply chain coordination. Journal of Systems Science and Systems Engineering, 2014, 23(3):342-361.

[69] Ding H, Zhao Q, An Z. Collaborative mechanism of a sustainable supply chain with environmental constraints and carbon caps. International Journal of Production Economics, 2016, 181:191-207.

[70] Xu X, He P, Xu H. Supply chain coordination with green technology under cap-and-trade regulation. International Journal of Production Economics, 2016, 183:433-442.

[71] Ji J, Zhang Z, Yang L. Carbon emission reduction decisions in the retail-/dual-channel supply chain with consumers' preference. Journal of Cleaner Production, 2017, 141: 852-867.

[72] Zhou J, Deng Q, Li T. Optimal acquisition and remanufacturing policies considering the effect of quality uncertainty on carbon emissions. Journal of Cleaner Production, 2018, 186:180-190.

[73] Peters K. Methodological issues in life cycle assessment for remanufactured products: a critical review of existing studies and an illustrative case study. Journal of Cleaner Production, 2016, 126:21-37.

[74] Turki S, Sauvey C, Rezg N. Modelling and optimization of a manufacturing/remanufacturing system with storage facility under carbon cap and trade policy. Journal of Cleaner Production, 2018, 193:441-448.

[75] Chang X, Xia H, Zhu H. Production decisions in a hybrid manufacturing-remanufacturing system with carbon cap and trade mechanism. International Journal of Production Economics, 2015, 162:160-173.

[76] Miao Z, Mao H, Fu K. Remanufacturing with trade-ins under carbon regulations. Computer & Operations Research, 2016, 89:253-268.

[77] Bazan E, Jaber M Y, Zanoni S. Carbon emissions and energy effects on a two-level manufacturer-retailer closed-loop supply chain model with remanufacturing subject to different coordination mechanisms. International Journal of Production Economics, 2017, 183: 394-408.

[78] Wang Y, Chen W, Liu B. Manufacturing/remanufacturing decisions for a capital-constrained manufacturer considering carbon emission cap and trade. Journal of Cleaner Production, 2017, 140(3):1118-1128.

[79] Chai Q F, Xiao Z, Lai K. Can carbon cap and trade mechanism be beneficial for remanufacturing. International Journal of Production Economics, 2018, 203:311-321.

[80] Wang X, Zhu Y, Sun H. Production decisions of new and remanufactured products: Implications for low carbon emission economy. Journal of Cleaner Production, 2018, 171: 1225-1243.

[81] Turki S, Sauvey C, Rezg N. Modelling and optimization of a manufacturing/remanufacturing system with storage facility under carbon cap and trade policy. Journal of Cleaner Production, 2018, 193:441-448.

[82] Kundu S, Chakrabarti T. Impact of carbon emission policies on manufacturing, remanufacturing and collection of used item decisions with price dependent return rate. Operation Research, 2018, 17:1-24.

[83] Haddad-Sisakht A, Ryan S M. Closed-loop supply chain network design with multiple transportation modes under stochastic demand and uncertain carbon tax. International

Journal of Production Economics, 2018, 195: 118-131.

[84] Zhou J, Deng Q, Li T. Optimal acquisition and remanufacturing policies considering the effect of quality uncertainty on carbon emissions. Journal of Cleaner Production, 2018, 186: 180-190.

[85] Panda S, Modak N M, Basu M, Goyal S K. Channel coordination and profit distribution in a social responsible three-layer supply chain. International Journal of Production Economics, 2015, 168: 224-233.

[86] Zhang C T, Ren M. Closed-loop supply chain coordination strategy for the remanufacture of patented products under competitive demand. Applied Mathematical Modelling, 2016, 40(13-14): 6243-6255.

[87] Seyedhosseini S M, Hosseini-Motlagh S M, Johari M, Jazinaninejad M. Social price-sensitivity of demand for competitive supply chain coordination. Computers & Industrial Engineering, 2019, 135: 1103-1126.

[88] Hosseini-Motlagh S M, Ebrahimi S, Zirakpourdehkordi R. Coordination of dual-function acquisition price and corporate social responsibility in a sustainable closed-loop supply chain. Journal of Cleaner Production, 2020, 251: 1-15.

[89] Li J, S. Gong. Coordination of closed-loop supply chain with dual-source supply and low-carbon concern. Complexity, 2020, 14: 14-23.

[90] Cheng J S, Li B Y, Gong B G, Cheng M B, Xu L. The optimal power structure of environmental protection responsibilities transfer in remanufacturing supply chain. Journal of Cleaner Production, 2017, 97(2): 558-569.

[91] Daniel V R, Guide J, Li J. The potential for cannibalization of new products Sales by Remanufactured Products. Decision Sciences, 2010, 41(3): 547-572.

[92] Abbey J D, Blackburn J D, Guide Jr V D R. Optimal pricing for new and remanufactured products. Journal of Operations Management, 2015, 36(1): 130-146.

[93] Hazen B T, Overstreet R E, Jones-Farmer L A. The role of ambiguity tolerance in consumer perception of remanufactured products. International Journal of Production Economics, 2012, 135(2): 781-790.

[94] Agrawal V V, Atasu A, Van Ittersum K. Remanufacturing, Third-Party Competition and Consumers' Perceived value of New products. Management Science, 2015, 61(1): 60-72.

[95] Debo L G, Toktay L B, Van Wassenhove L N. Market Segmentation and Product Technology Selection for Manufacturable Products. Management Science, 2005, 51 (8): 1193-1205.

[96] Ferguson M E, Toktay L B. The Effect of Competition on Recovery Strategies: Production and Operations Management, 2009, 15(3): 351-368.

[97] Ferrer G, Swaminathan J M. Managing new and remanufactured Products Management Science, 2006, 52(1): 15-26.

[98] Ferrer G, Swaminathan J M. Managing new and differentiated remanufactured products. European Journal of Operational Research, 2010, 203(2): 370-379.

[99] Guide V D, Li J. The Potential for Cannibalization of New products sales b Remanufactured Products. Decision Sciences, 2010, 41(3): 547-572.

[100] Devavrat P. Exploring the relationship between the markets for new and used durable goods: The case of automobiles. Marketing Science, 1992, 11: 54-167.

[101] Harrison G W, Rutstrolm E E. Experimental evidence on the existence of hypothetical bias in value elicitation methods. Handbook of Experimental Economics Results, Elsevier Press: New York, USA, 2005, 31: 752-770.

[102] 李帮义, 张雪梅. 成本驱动下的再制造决策形成机制研究. 统计与决策, 2016, 32(21): 36-40.

[103] 高阳, 杨新. 基于WTP差异化的再制造闭环供应链利益协调机制. 计算机应用研究, 2014, 31(2): 388-391.

[104] 孙浩, 达庆利. 基于产品差异的再制造闭环供应链定价与协调研究. 管理学报, 2010, 7(5): 733-738.

[105] Long X F, Shu T, Chen S, Wang S Y, Lai K K, Yang Y.. Strategy Analysis of Recycling and Remanufacturing by Remanufacturers in Closed-Loop Supply Chain. Sustainability, 2017, 9(10): 1818-1846.

[106] Li W, Wu H, Jin M Z. Two-stage remanufacturing decision makings considering product life cycle and consumer perception. Journal of Cleaner Production, 2017, 161 (10): 581-59.

[107] 郭军华, 杨丽, 李帮义. 不确定需求下的再制造产品联合定价决策. 系统工程理论与实践, 2013, 33(8): 1949-1955.

[108] 于春海, 于传洋, 兰博. 考虑消费者偏好与碳交易的制造/再制造两期生产决策. 工业工程与管理, 2017, 22(4): 49-54.

[109] Wu Y, Xiong Z. Production strategies of the original equipment manufacturer and operator under the condition of competition. Systems Engineering-Theory Practice, 2014, 34(2): 291-330.

[110] Carter C R, Jennings M M. Social responsibility and supply chain relationships. Transportation Research Part E: Logistics and Transportation Review, 2002, 38: 37-52.

[111] Murphy P R, Poist R F. Socially responsible logistics: An exploratory study. Transportation Journal, 2002, 41: 23-35.

[112] Auger P, Burke P, Devinney T M, Louviere, J J. What will consumers pay for social products features. Journal of Business Ethics, 2003, 42: 281-304.

[113] Carter C R, Jennings M M. The role of purchasing in corporate social responsibility: a structural equation analysis. Journal of Business Logistics, 2014, 25(1): 145-186.

[114] Maloni M J, Brown M E. Corporate social responsibility in the supply chain: An applica-

136